월 스트리트에서 세상을 기록하다

월 스트리트에서 세상을 기록하다

초판 1쇄 발행 2011년 4월 11일
초판 2쇄 발행 2011년 4월 18일

지은이 문혜원
펴낸이 한익수
펴낸곳 도서출판 큰나무
등록 1993년 11월 30일 (제5-396호)
주소 410-360 경기도 고양시 일산동구 백석동 1455-4 1층
전화 031-903-1845
팩스 031-903-1854
이메일 btreepub@chol.com
홈페이지 www.bigtreepub.co.kr

값 12,000원
ISBN 978-89-7891-264-8 (03810)

잘못 만들어진 책은 구입하신 서점에서 교환해 드립니다.

값 8,000원

로이터 통신 뉴욕 본사 최초 한국인 기자 이야기

월 스트리트에서 세상을 기록하다

문혜원 지음

Taking a Leap of Faith

　오랜만에 펜을 들었습니다. 늘 노트북을 토닥거리다 이번은 직접 글을 쓰고 싶어 평소 잘 쓰지도 않는 다이어리를 꺼냈습니다.

　원고 작성을 시작한 지 햇수로 2년입니다. 책이 나오기까지 이렇게 긴 여정이 되리라고, 이토록 힘들 거라고 예상하지 못했습니다. 글로 먹고사는 직업인지라 오만한 생각을 했나 봅니다.

　월 스트리트를, 뉴욕을, 이곳에서의 제 이야기를 풀어내는 것을 제법 만만히 여기고 겁 없이 도전했지만 결국 봄, 여름, 가을, 겨울을 두 번이나 보내고 완성했습니다. 제 인생의 스물아홉 번째 해는 꼬박 이 책으로 채워진 것 같아 이 순간만은 삐뚤삐뚤, 줄이 안 맞아도 손 글씨가 쓰고 싶었습니다.

　새삼 어른이 된 것 같습니다. 어른이 되어가는 과정은 나이와 무관한 듯합니다. 무엇을 깨우치고 뼈저리게 느낀 뒤 담대하게 받아들이고 좀 더 '나다움'을 찾아 한 걸음 전진하는 과정에서 진정 어른이 된다고 생각합니다. 저는 지난 1년 반 동안 뉴욕을 통해, 이 책을 통해 그 어느 때보다 어른이 되었습니다.

2009년 7월, 한국 국적을 가진 기자로는 최초로 로이터 통신의 뉴욕 본사에서 월 스트리트 담당 기자로 일하게 되었습니다. 이름만 들어도 기죽는, 한없이 높은 벽이 느껴지던 곳이 제 '나와바리'가 되었습니다. 2010년 중반까지만 해도 이중 침체Double-dip 우려가 계속되며 엎치락뒤치락하던 뉴욕 증시는 어느덧 리먼 브라더스 파산 이전 수준으로 회복했고 코스피 역시 사상 최고치를 경신했습니다. 덕분에 기사로 담고 싶었던 월 스트리트의 폭락, 침체, 회복 이야기를 원 없이 썼습니다.

　　월 스트리트 담당 기자가 된 뒤로 주가 방향에 대한 질문을 자주 받습니다. 어느 기업 주식을 사는 게 좋느냐, 어디에 투자하는 게 좋느냐 등. 이 책은 주식 투자를 위한 것이 아니고 부자가 되기 위한 것도 아닙니다. 아직 설익고 텁텁한 저의 도전에 대한 이야기입니다. 이 책을 통해, 어쩌면 상투적이고 진부하지만 도전의 시작은 '하고 싶다'는 굳은 의지와 열정에서 나온다는 것을 말하고 싶었습니다.

　　Taking a Leap of Faith, 자신을 믿고 한발 더 도약하는 것의 중요성도 말하고 싶었습니다. 현명하게 소심한 것보다 때로 무식하게 용감한 것이 도약의 첫걸음이라는 것도요.

2010년 3월
뉴욕에서

PART ONE 뉴욕, 20대의 마지막 일탈

월 스트리트에서는 무식한 것도 죄 • 12
기자, 그 매력적인 이름을 갖다 • 17
월 스트리트 인연 • 25
처음의 의미 • 29
무모한 도전 vs 현명한 포기 • 31
실패, 그리고 또 다른 제의 • 37

PART TWO 상어가 득실거리는 곳 월 스트리트

월 스트리트 전망 : 황소 vs 곰 • 46
상어가 득실거리는 곳, 월 스트리트 • 49
타임스퀘어에 살면 영혼을 잃을 수 있다? • 52
월 스트리트의 할머니 • 55
내가 사는 세상 • 64
폭설도 피해가는 월 스트리트 • 69
월 스트리트의 성공 신화 • 73
주가 폭락의 범인은 살찐 손가락? • 81
마녀는 있어도 골드미스는 없다 • 88
공짜 술이 없다? • 94
타이거의 힘 • 97
한국이 뉴욕을 움직일 때 • 101
2010 월드컵 • 105
체리콜라를 좋아하는 할아버지, 워런 버핏 • 107
윤리적인 기자 • 111

PART THREE

싱글, 맨해튼이 아니면 뉴욕에 살 이유가 없다

일탈이 일상이 되는 곳, 맨해튼 ● 116
외롭거나 혹은 자유롭거나 ● 126
뉴요커가 되어간다는 증거 ● 130
뉴욕은 지금 디톡스 중 ● 135
뉴요커는 미트패킹에 가지 않는다 ● 140
먹는 데 목숨 거는 뉴요커 ● 143
뉴욕의 심장, 센트럴 파크 ● 153
뉴욕이 준 선물 ● 159
나이를 잊다 ● 161
20대, 만끽하라 ● 164
30대, 가끔 멈춰서도 돼 ● 167
서른 그리고 ● 169

PART FOUR

나의 이야기

꿈이 없던 아이 ● 172
신의 직장을 버리다 ● 178
사람 냄새나는 기자 ● 181
국제기구를 꿈꾸는 이들에게 ● 185
21세기형 회사란 ● 193
야생에서의 유년기 ● 197
해병대식 교육 ● 202
한 꼬투리의 두 완두콩 ● 206
인생 Restart ● 210

PART FIVE

엄마의 편지

향기 나는 사람, 엄마 ● 214
그대, 삶의 그릇에 무엇을 담고 싶으신지? ● 217
3초만 여유를 갖자 ● 219
네게 들려주고 싶다 ● 221
힘들게 달리다 지치거든 엄마란 안식처로 와 쉬어가렴 ● 223
부드러운 카리스마 안에 당당함이란 가시를 품어라 ● 225
엄마의 잔소리가 네게 비타민이 되길 ● 227
혜원아, 축하해! ● 229
너만의 무기를 챙겨 ● 231
고맙다 ● 232
너는 얼마나 아름다운 향기를 지니고 있니? ● 233
소중한 그 사람을 사랑하렴 ● 234
우리 딸은 잘할 거야 ● 235
매일매일이 행복이란다 ● 236
봄이 시작되는 첫머리에 미소를 보낸다 ● 238
아름다운 인생 이야기를 만들어가 ● 240

뉴욕에 오기 전에는 무모한 도전보다 현명한 포기가 값진 선택이라 생각했다.
그런 내게 이곳의 첫인상은 감히 엄두를 내게 해주었다.
20대의 마지막 일탈을 꿈꿀 수 있게.

PART ONE

뉴욕, 20대의 마지막 일탈

월 스트리트에서는 무식한 것도 죄

　　새벽 6시, 유럽에 이어 뉴욕의 선물 시장이 출렁이기 시작한다. 내가 있는 곳이 진정 세계 금융의 중심임을 실감하기에 그다지 오랜 시간이 걸리지 않는다. 유럽 증시가 막 오전 장을 마감하고 오후 장에 대한 대비로 돌아선다. 대부분 미국 증시에 따라 FTSE*를 비롯한 유럽 증시의 방향이 바뀌기 때문에 이제 새벽을 시작하는 나와 오후를 시작하는 유럽의 주식 담당 기자는 벌써부터 바쁘다. 장렬하게 오전 장을 마친 런던에 있는 주식 담당 기자가 전화를 걸어 자신의 신세를 한탄한다.

　　"오늘 발표될 경제지표가 뭐 이렇게 많아? 버냉키 의장은 뭐라고 할 것 같아? 팁 있으면 좀 줘, 나 오늘 빨리 퇴근하고 싶어!"

　　나의 아침은 대부분 이렇게 시작된다. 정확히 말하면 회사에서의 아침이다. 실제 기상 시간은 오전 4시다. 간밤에 아시아와 유럽의 주식시장에 무슨 일이 있었는지 알아야 하기에 새벽같이 일어나 텔레비전을 켜고 우유에 텁텁한 시리얼을 먹으며 경쟁사인 CNBC와 블룸버그 뉴스를 들으며 출근 준비를 한다. 그쯤 서울에 있는 아버지에게 전화가 걸려온다.

---

*Financial Times Stock Exchange Index ㅣ 영국의 유력 경제지 파이낸셜 타임즈와 런던증권거래소가 공동으로 소유하고 있는 FTSE 인터내셔널사가 작성해 발표하는 세계 주가지수.

"잘 잤니? 어제 한국 및 아시아 증시는, 전날 뉴욕 증시가 경제지표 기대감과 기업 인수 합병 호재에도 유럽의 재정 위기와 중국의 긴축 우려로 하락세를 나타내자 크게 폭락했음. 유럽과 달리 아시아는 고성장을 구가하고 있지만 이로 인해 세계 경제의 양극화 충격이 국내 금융시장에 고스란히 전달되어 환율이 급등하고 주가가 큰 폭으로 떨어진 것임. 개별적으로 보면 한국의 코스피 지수는 2.6퍼센트 하락했고 일본 닛케이 평균주가와 대만 그리고 중국 상하이 종합지수도……."

아버지는 아침마다 전날 아시아 시장에 대한 브리핑을 해준다. 유럽, 아시아 및 대부분의 세계 주식시장은 미국 주식시장을 따라가는 경우가 많지만 중국의 말 한마디에 증시가 출렁일 정도로 아시아의 고성장에 거는 기대가 커진 때는 이러한 전화 브리핑이 미국의 선물 시장이 어떤 식으로 출발할지에 대한 방향을 알려주기도 한다.

아버지는 내가 처음 기자가 되었을 때 한국 물정을 잘 모르는 나를 위해 내 기사를 꼼꼼히 모니터하고 기사 지시를 내리곤 했다. 그래서 주변에서는 나를 회사 데스크뿐 아니라 집에서까지 지시를 받는 투잡 기자라고 불렀다. 정보 수집에서 취재까지 혼자 해내야 하는 작은딸을 걱정해 아버지는 나보다 더 열심히 취재거리를 찾으셨다. 아무리 내 나라라고 하지만 어릴 때 이후로는 살아보지 않은 한국에서 기자를 하겠다니 좀 걱정이었겠는가.

연합뉴스에 입사하고 1년 후, 외교통상부와 국회 출입 기자로 일하기 시작할 때부터 아버지는 내게 취재 지시를 내리지 않으셨다. 기사 방향이나 콘텐츠에 대해 물으면 무조건 노코멘트로 일관하셨다. 30년 넘게 공무원을 지내신 터라 취재원과 기자의 관계에서 일에 대해 철저하신 점도 있었지만 한편으로는 내가 웬만큼 일에 적응한 모습을 보고 마음을 놓으셨던 모양이다. 그 후 5년이 지났지만 '총소리 없는 전쟁터' 월 스트리트에 있는 딸을 위해 아버지는 다시 한번 기꺼이 데스크가 되어주신다. 이렇게 월 스트리트는 나를 다시 초짜 수습기자로 느끼게 한다.

"요동칠 수 있는 환율을 신경 쓸 것. 유럽 투자자들이 환매 요청을 하면 아시아 지역에 자금이 유출될 수밖에 없고 유럽 재정 위기가 글로벌 금융 위기로 번질 가능성을 완전히 배제할 수 없으니 여기에 대해 월 스트리트 취재원들에게 물어보고 분석 기사를 써 보도록. 그럼 우유 꼭 마시고, 문 잠그고, 차 조심하고!"

월 스트리트를 담당한 지 막 1년이 넘은 기자가 버티기에 이곳은 너무 격하다. 여기에 와서 절실히 느낀 건 '기자는 무식한 게 죄'라는 것이다. 월 스트리트에서 하루에 거래되는 금액은 작은 나라를 살 정도이고, 나는 이를 취재하는 기자다. 내가 쓴 기사에 한 나라의 운명이 결정될 수도 있는 것이다. 작은 실수도 자만도 게으름도 절대 허용되지 않는다.

어디서 읽었는지 기억나지 않지만 기자는 슈퍼맨에 가까운 존재라고 한다. 기자가 자신이 알고 있는 사실을 기사로 쓸 때 그 '아는 사실'은 피상적인 '앎'이 아니라 그 일의 본질을 꿰뚫는 '앎'이어야 한다는 것이다. 매일 새롭게 알게 되는 '앎'을 압축시켜 기사로 내야 하는 불가능에 가까운 일을 하기에 매사 긴장의 끈을 놓치지 말아야 하는 것이다. 지금의 내 생활을 잘 표현하는 말인 듯하다. 수박 겉핥기식 얕은 지식으로 기사를 썼다가는 개인적 망신은 물론 로이터 통신의 신뢰도를 떨어뜨릴 수 있다.

현재 나는 이라크의 폭격이나 아마존의 폭염과 싸우며 취재하는 기자는 아니지만 갑자기 주가가 내릴 때는 뒷골이 서늘해지고, 인내심이라고는 눈 씻고 찾아볼 수 없는 월 스트리트에게 한시라도 빨리 기사를 보내기 위해 고군분투한다. 어쩔 때는 정말 이곳이 전쟁터가 아닐까 생각한다. 전 세계가 주목하는 미국 증시가 내 손끝에서 풀이되어 나가기에 바짝 정신 차리지 않으면 생존할 수 없다.

처음 기자가 되었을 때는 36.5도, 온기가 느껴지는 기사를 쓰고 싶었다. 지금의 내가 그런 기사를 쓰고 있다고는 할 수 없지만 피도 눈물도 없을 것 같은 월 스트리트 역시 결국 '사람 사는 이야기'가 나오는 곳이다. 그래서 전 세계를 상대로 월 스트리트에서 일어나는 일을 전하는 지금 이 순간이 참 고맙다. 단 한 순간도 지루할 틈 없이 매일 전쟁터를 누비는 기분이지만 10년, 20년이 지나 지금을 돌아봤을 때 나에게 꽤 감동할 것을 믿는다.

기자, 그 매력적인 이름을 갖다

2005년 1월 7일, 새벽 3시 17분. 만 스물넷에 난생처음 경찰서에 가기 위해 택시를 탔다. "중부경찰서로 가주세요." 기사 아저씨는 의심의 눈초리를 보냈다. 하기야 야심한 시각에 크고 헐렁한 오리털 점퍼와 털목도리, 털모자로 무장하고 눈물이 그렁그렁해서 택시를 타는 자체가 수상한데 경찰서로 가자고 하니.

"아니, 어린 처자가 이 시간에 경찰서는 왜 가슈? 남자친구 면회 가슈? 남자친구가 유치장 들어갔구먼, 쯧쯧."
"아니에요."
"그럼 아가씨가 뭔 사고 쳤남?"
"저 수습, 수습기자예요."

벌써 6년 전인데도 그날 아침은 마치 어제처럼 또렷이 기억난다. 연합뉴스 사회부 '중부 라인' 수습기자. 그토록 가지고 싶었던 기자의 직함을 정식으로 얻었지만 그 대가는 혹독했다.

아버지의 직업상 외국에서 오래 생활했기에 가끔씩 휴가차 놀러오던 서울은 낯선 곳이었다. 그 흔한 광화문도 가보지 못했는데 서울특별시 중구에 위치한 중부경찰서와 남대문경찰서, 용산경찰서까지 담당해야 한다니 하늘이 뒤집힐 지경이었다.

수습기자 첫날, 사회부 경찰 팀 선배들과 회식을 끝내고 그만 퇴근하는 줄 아는 내게 1진 선배●가 이렇게 말했다. "새벽 3시까지 남대문경찰서로 가서 짐 풀고, 중부 라인 관할에 있는 경찰서랑 병원 돌아보고 밤새 어떤 사건이 들어와 있는지 특이 사항은 뭔지 취재해서 아침 6시까지 전화로 보고해." 한국에서의 수습기자 과정이 혹독하다는 건 알았지만 그 정도일 줄은 예상하지 못했기에 나는 선배의 지시를 농담으로 받아들이고 큰 소리로 하하 웃기까지 했다. 사실 이런 구시대적 방식은 한국과 일본 언론에만 있는 특수 교육으로, 일부 서양 국가에서는 심각한 인권 문제가 될 수도 있다. 수습기자의 수습은 獸습이고, 견습기자의 견습은 犬습이라는 말이 있을 정도이니.

어릴 적부터 장래희망은 아니었지만 현실적인 꿈을 가지기 시작할 나이부터 늘 기자를 꿈꾸었다. 대학교 때도 학업보다 학보사 일에 전념했고, 글을 쓰는 것이 유일하게 하고 싶은 일이었다. 그런데 첫 직장은 언론사가 아닌 오스트리아 비엔나에 본부를 두고 있는 한 국제기구였다. 대학을 마치고 언론사에 지원했다가 여러 군데 퇴짜를 맞고 기자라는 직업을 포기했었다. 겉으로는 당당해도 속은 늘 글에 대한 열등감이 똘똘 뭉쳐 있었기에 몇 번의 시련으로 내 능력이 얼마나 모자란지 실감하고 일찍 꿈을 접었다. 그리고 다시는 언론인의 길에 도전하지 않겠다고 마음먹었다.

● 정식 사회부 기자. 한 구역 관할에 있는 경찰서, 검찰청, 법원, 병원 등을 담당.

그렇지만 기자를 향한 열정이 쉽게 꺾이지 않아 '신의 직장'이라 불리는 국제기구를 결국 6개월 만에 때려치우고 다시 언론인의 길에 들어섰다. 남이 보면 미쳤다고 할 짓이었다. 기자가 된다는 확실한 보장이 없는 상태에서 무작정 직장을 그만두고 한국행을 택했으니. 사실 거기에는 아버지와의 거래가 있었다. 막무가내로 기자가 되겠다는 내게 아버지는 만약 기자 훈련이 가장 힘들다는 한국에서 수습 과정을 견뎌내면 허락하겠다고 하셨다. 그 정도의 각오는 있어야 진정한 기자가 될 수 있다고.

오랜 기간을 기자가 되기 위해 노력했지만 그제야 비로소 내 꿈의 크기를 알았다. 늘 안전한 우물에서 안전한 거리만 뛰다가 드디어 꿈을 향해 점프를 한 것이다. 처음은 뭐든 설레기 마련이지만 그 감정은 결국 사라지고 사랑의 뜨거움도 결국 시간에 식어버리지만 꿈에 대한 열정만은 쉽게 바래지 않는다는 걸 깨달았다.

하지만 수습 첫날, 눈보라 속에서 택시를 잡아타고 경찰서로 향하던 그 순간만큼은 내 안에 반짝이던 열정이 원망스러웠다. 아버지를 따라 아프리카 오지에서 야생의 유년기도 잘 보냈는데 도무지 그날의 상황은 견뎌낼 자신이 없었다. 집도 가족도 없는 한국에서 낯선 경찰서를 돌며 생활하는 게 막막하고 두려웠다. 왜 잘 다니던 국제기구를 그만두고 사서 고생하는지, 앞으로 어떻게 될 것인지, 설마 야밤에 납치를 당하거나 쥐도 새도 모르게 살해되는 건 아닌지 온갖 쓸데없는 상념에 사로잡혔다. 그때 우울한 표정으로 한숨을 푹 내쉬는 나를 보고 택시 기사님이 본인의 아침 끼니인 크림

빵과 박카스 한 병을 건네주셨다. 돌이켜보면 그 일은 마치 그 후 3개월 수습 기간의 일종의 암시 같다. 하루에 2~3시간밖에 못 자는 상황에 빨리 먹고 남은 시간에 새우잠을 자려고 끼니를 때운 음식이 바로 박카스와 크림빵이었으니.

택시를 타고 중부경찰서 앞에 도착했을 때 언덕 위에 있는 그 건물이 어찌나 높아 보이던지 한동안 멍하니 올려다보았다. 택시비를 내려고 지갑을 꺼내는데 기사님이 손사래를 쳤다. "괜찮아요, 수습기자 양반. 택시비 안 받을 테니까 앞으로 약한 사람들 편에 서서 좋은 기사 많이 써주구려."

라디오 사연에나 나올 법한 이 일은, 나중에 수습 회고록에 썼을 정도로 내 기자 생활 중에서 가장 보석 같은 일이다. 물론 6년이 지나 돌이켜보면 말이다. 당시에는 보석이고 뭐고 도대체 내가 왜 기자가 되려고 했는지, 왜 그런 미친 짓을 했는지 후회했다. 그렇게 기대했던 기자 생활은 새벽 5시부터 다음 날 새벽 2시까지 주 7일간 경찰서, 병원, 소방서 등을 미친 듯이 돌며 수시로 보고하고, 혼나고, 추가 취재하고 또 보고하는 막노동이었다.

잠도 못 자고 씻지도 못하고 제대로 먹지도 못하고 정신없이 취재하며 겨우 수습 첫 주를 마치고 회사로 복귀한 날, 구내식당에서 밥을 먹는데 콩나물국에 눈물이 뚝뚝 떨어졌다. 애도 아니고 버젓한 사회인이 동기들 앞에서 눈물을 보이는 게 창피했지만 그때는 정말 세상이 끝나는 것 같았다. 태어나서 처음 들어보는 욕을 하는 선배들이 무서웠고, 함께 수습을 돌던 타 언론사에 '물'을 먹을까 두려웠고, 밤마다 깜깜한 경찰서 복도를 도는 것도 끔찍했다. 특히 용산경찰서는 강력계가 본 건물과 떨어진 외딴 곳에 있어 거기까지 가는 길이 어찌나 깜깜하던지 생각하기도 싫었다.

수습 시절, 욕도 많이 먹으면 배부르다는 사실을 알게 될 정도로 많이 혼났다. 남자 동기들은 군대도 잠은 재워주는데 수습기자는 잠도 못 잔다며 군대보다 더 고생스럽다고 투덜댔다. 타사 동기 중 한 명은 하루에 2시간을 자고 버텨야 하는 수습 생활이 고달파 그만두겠다는 마음으로 경찰서를 박차고 나가 일단 자야겠다는 생각에 근처 여관에 들어갔는데 막상 자고 일어나 보니 마음이 불안해 나간 지 10시간 만에 돌아왔다. 또 다른 동기는 며칠 씻지 못하고 옷도 못 갈아입은 상태로 서울역에 노숙자를 취재하러 갔다가 도리어 다른 기자에게 노숙자로 오인받았다. 내 경우에는, 성매매 단속 실태를 알아보라는 선배의 지시에 별생각 없이 성매매 업소가 모인 골목에 들어갔다가 여기저기서 날아드는 신발에 얻어맞은 적이 있다.

왜 그만두지 않았을까. 고비가 없었다면 거짓말이다. 하루하루하루, 매 순간이 고비였다. 실제로 100 대 1 정도의 경쟁률이 우습다는 언론사 시험에 붙고도 수습 일주일을 못 버티고 그만두는 사람이 매해 한두 명씩 있다. 나는 용기가 없었는지 선배가 무서웠는지 아니면 아버지와의 거래에서 꼭 이기고 싶었는지 아무리 힘이 들어도 포기해야겠다는 생각은 하지 않았다. 내게 포기라는 옵션은 없었다. 무슨 일이 있어도 그 과정을 견뎌야 한다는 다짐뿐이었다.

부딪치고 깨지고 한바탕 난리 속에 1주가 지나고 2주가 지나자 차츰 변화가 일기 시작했다. 어느덧 그렇게 가기 싫던 용산서 강력계를 30초 만에 뛰어 올라갈 수 있는 다리 힘이 생겼고, 제대로 인사하기도 어렵던 경찰들을 '형님'으로 부르며 그들과 함께 박카스와 크림빵을 먹고 있는 나를 발견했다. 술을 마시고 난동을 피워 유치장에 들어가 있는 40대 아저씨에게 다가가 무슨 일로 그렇게 술을 마셨느냐고 자연스레 물어볼 배짱도 생겼고, 국과수 부검 현장도 제법 잘 볼 수 있는 담력이 생겼다. 오히려 나중에는 다른 동기들이 밖에 나가 구역질을 할 때도, 까치발로 서서 부검 장면을 들여다보며 간이 몇 그램인지 위가 몇 그램인지 꼼꼼히 체크했다. 부검 후에는 선배들이 언론사 전통이라며 내장탕 집에 데려가도 밥만 맛있게 잘 먹었다.

주변에서는 하루가 다르게 수습 생활에 적응하는 나를 보고 수습기자가 천직이 아니냐며 신기해했다. 수습 셋째 주부터는 아예 경찰서의 일부가 된 것처럼 외국인 피의자가 진술을 하러 오면 옆에 서서 통역을 하고, 직접 조서를 받아 기사를 쓰기도 했다. 심지어 남대문경찰서 외사계 과장 '형님'은 수습이 끝난 후에도 가끔 통역을 도와달라고 전화하곤 했다.

3개월의 수습 기간 중 가장 어려웠던 훈련은 유가족을 취재하는 일이었다. 서울에 있는 한 유명 병원의 총망받던 레지던트가 모 호텔에서 자신의 몸에 약을 투여해 자살한 사건이 있었다. 그 일을 취재하러 장례식장을 찾았는데 첫 방문 때는 회사 로고가 붙은 노트북을 가지고 들어갔다가 곧바로 문전박대를 당하고, 다시 찾아갔을 때는 심지어 뺨을 얻어맞을 뻔했다. 처음에는 난감했지만 장례식장을 찾아가는 횟수가 늘수록 그 같은 어려운 취재를 시킨 선배들의 의중을 파악할 수 있었다. 결국 기자라는 직업은 사건의 진상을 제대로, 객관적으로 파악하기 위해 할 수 있는 모든 걸 동원해야 한다. 설사 그것이 훌륭한 의사가 될 줄 알았던 아들과 남편의 자살을 견뎌내야 하는 유가족을 찾아가 그들의 아픔을 들춰내 취재하는 일이라도 말이다. 팩트를 위해서라면 아무리 문전박대를 당해도 상대방이 나에게 이야기할 마음이 생길 때까지 기다려야 하는 것이다. 그 정도 고생 없이는 감히 기사를 쓸 자격도 없다는 걸 수습 기간을 통해 몸소 배웠다.

대중은 결국 기자의 글을 통해 사회에 대한 생각과 관점이 달라진다. 이러한 막중한 일을 부여받은 기자는 객관성과 정확성을 위해서라면 그 무엇도 소홀히 해서는 안 된다. 그래서 기자는 절대 편안한 직업이 되어서는 안 된다. 이것이 기자가 가져야 할 가장 기본적인 마인드이고, 호된 신고식인 수습 기간을 거쳐야만 뼈저리게 이해할 수 있다.

고양이 세수만 하고 좀비처럼 경찰서를 도는 일이 익숙해질 즈음, 기사를 내보내면 죽이겠다고 협박하는 살인 사건 피의자의 협박을 쿨하게 무시하게 될 즈음, 기사를 위해서라면 잠을 못 자고 밥을 제대로 못 먹는 것 따위는 더는 힘들지 않다고 느낄 즈음 비로소 나는 진짜 기자가 되었다.

    수습 생활을 하면서 셀 수 없이 지치고, 후회도 많이 했다. 하지만 기자를 그만두고 다른 일을 해야겠다고 생각한 적은 없었다. 인생에서 가장 힘든 시기였지만 그 이상으로 값진 경험이었다. 매 순간 인생이 아름답다고 느끼지는 않았지만 그 일이 있어 매 순간 행복했다.

    요즘도 잠을 자려고 누우면 가끔 남대문경찰서의 꼬질꼬질한 수습기자실이 생각난다. 바람이 쌩쌩 들어오는 창문과 너덜너덜한 이불, 야식으로 시켜 먹은 자장면 그릇과 치킨 박스가 굴러다니던 그 꼬질꼬질한 기자실. 그곳을 생각하면 나도 모르게 미소가 지어진다. 그 시절로 다시 돌아가라고 하면 절대 그러지 못하겠지만 과거의 그날이 있었기에 그 담방대던 기자가 어느덧 세계 금융의 중심, 월 스트리트 담당 기자가 되었다. 그때 배운 기자의 기본기와 감으로 요동치는 파도 같은 월 스트리트와 매일 맞짱 뜨고 있다.

월 스트리트 인연

"Welcome aboard!"

새벽 4시 반에 걸려온 전화로 세계 금융의 중심 월 스트리트 인연이 시작되었다. 1년 가까이 걸린 지원 과정을 끝내고 드디어 로이터 통신 뉴욕 본사 월 스트리트 담당 기자가 되는 순간이었다. 직접 나를 인터뷰했던 금융 팀 부장은 새벽에 전화한 것에 대해 미안해했지만 그 순간 단잠이 방해된 것 따위는 전혀 문제되지 않았다.

월 스트리트를 담당하고 싶다는 마음을 먹고 지원한 지 10개월이 지나 얻은 결과였다. 그토록 길고 험난한 가시밭길임을 알았다면 막연하게 하고 싶다는 마음으로 섣불리 지원하지는 못했을 것이다. 분명 쉽지 않으리라 생각은 했지만 기다림이 길어질수록 서서히 지쳐 갔다. 그 무렵 단비처럼 전화가 왔고 드디어 로이터 통신 뉴욕 본사에, 한국인 최초로, 월 스트리트 담당 기자가 되었다! 그 새벽에 느낀 감개무량함이란…….

월 스트리트에 도전하기로 마음먹는 데는 딱 5초밖에 걸리지 않았다. 첫 5초의 이미지가 평생 그 사람을 평가하는 기준으로 작용한다는 '첫인상 5초의 법칙'이 여기에도 적용된 것이다. 월 스트리트와의 그 짧은 5초는 내 마음에 동요를 일으키기에 충분했다.

2008년 9월, 여행차 뉴욕을 갔다가 로이터 통신 본사를 방문했다. 우연인지 필연인지 하필 그때는 미 투자은행 리먼 브라더스 파산 신청, 경쟁 업체인 메릴린치 매각, 보험업체 AIG 긴급 자금 지원 요청 등 월 스트리트 대혼란으로 세계 증시가 패닉에 빠진 상황이었다. 2008년 9월 15일, 뉴욕증권거래소에서 다우존스 산업 평균 지수는 전날보다 무려 4.42퍼센트 내린 10,917.51을 기록했고 이는 2001년 9·11 테러 이후 일일 최대 낙폭이었다. 뉴욕 시에 있는 작은 섬, 맨해튼 끝자락에 붙은 그야말로 Street인 월 스트리트에 위치한 몇몇 투자은행 때문에 미 증시뿐 아니라 세계 증시가 하루아침에 폭락한 것이다. 그 소름 돋는 위력에 단 5초 만에 매료되었다. 당시 만났던 월 스트리트 담당 기자는 뉴욕 인근의 뉴저지 주에 살았는데, 그는 집에 다녀올 시간이 없어 3일째 당직 아닌 당직을 서고 있었다. 세계 금융의 중심이 흔들리는 급박한 상황을 경쟁 언론사보다 빠르고 정확하게 보도하기 위해 고군분투하는, 능숙하게 기사를 써내려가는 그의 모습에서 한동안 잊고 지낸 저널리즘에 대한 열정이 되살아났다.

그즈음 로이터 편집국의 최고 수장인 편집장이 기자들에게 보낸 메일이 아직도 기억난다. "우리는 생애 가장 위대한 이야기 중 하나를 쓰고 있습니다." 아이러니하게 세계적인 경기 불황은 기자에게 좀 더 의미 있고 중요한 기사를 쓸 수 있는 기회가 되었다. 그리고 그것이 바로 내가 월 스트리트 담당 기자에 지원하게 된 동기다.

월 스트리트에 입성하기까지의 난관은 지원 전부터 시작되었다. 뉴욕에 가겠다는 말에 주변에서는 격려보다 반대가 많았다. 나름 잘 다져진 경력, 잘 알려진 외신 기자로 일하는데 왜 굳이 뉴욕에 가냐며 현재의 자리에 안주하는 게 보다 현실적인 선택이라고 조언했다. 통상적으로 적지 않은 나이였기에 결혼 문제에 대한 우려의 목소리도 컸다.

20대의 끝, 29세가 어린 나이는 아니니 그들의 말이 틀린 건 아니었다. '무조건 도전한다?' 29세의 나는 10대나 20대 초반의 도전 정신 따윈 없고, 자신의 능력을 항상 의심하며 불안해하는 성격의 소유자인 데다, 주변의 이야기에 좌지우지하는 한마디로 '펄럭귀'였다. 뉴욕에 대한 환상이 있다거나 꼭 그곳에서 살고 싶은 갈망이 있는 것도 아니었다. 세계 상위 1퍼센트가 모인다는 뉴욕에서 그곳 사람들과 경쟁해 이길 자신도 없었다.

우려 섞인 주변의 반응에 나는 Change vs Status Quo, 변화와 현상 유지 사이에서 줄다리기를 했다. 변화를 좇기에는 남겨두고 가는 게 너무 많았고 현재 삶에 불만이 있는 것도 아니었다. 그저 내 나이에 맞춰 일을 하고 결혼을 하고 평범하게 사는 게 최선의 길이라는 생각도 했다. 하지만 못다 핀 꿈을 월 스트리트에 가서 좀 더 크게 피우고 싶다는 생각이 머릿속에서 떠나지 않았다. 결국 줄다리기 끝에 승자는 Change, 변화였다.

왜 굳이 고집을 부려가며 이 선택을 했을까? 솔직히 말해 기자로서의 욕심이 가장 컸다. 내 생애 어쩌면 가장 강력하고 주목받는 이야기를 써볼 기회였다. 현실적으로 글로벌 경제 위기에 대한 한국발 기사는 한계가 있었다. 하지만 월 스트리트에서 기사를 쓴다는 것은 전 세계 금융시장에 신용 경색을 불러온 장본인에 대해 그 누구보다 가깝고 자세하게 취재할 수 있는 기회였다. 리먼 브라더스 파산에 이은 미 투자은행의 연쇄 도산, 월 스트리트의 대응, 연방 은행을 대표하는 중앙은행들이 자금 유동성을 위해 수백억 달러를 시장에 투입하는 모습, 그동안 오만하고 과욕했던 월 스트리트의 어두운 면을 몸소 부딪혀 취재하고 싶었다.

기자로서 잠시 보았던 총성 없는 전쟁터, 월 스트리트는 상당히 매력적이었다. 내 오른손으로 그곳을 담아내고 싶었다. 정말 오래간만에 느끼는 마음 꿈틀거림이었다.

뉴욕에 오기 전에는 무모한 도전보다 현명한 포기가 훨씬 값진 선택이라 생각했다. 그런 내게 이곳의 첫인상은 '감히'라는 엄두를 내게 하고, 20대의 마지막 일탈을 꿈꾸게 했다.

처음의 의미

　　로이터 뉴욕 본사에 온 한국 국적의 기자도 내가 처음이지만 지원 자체도 내가 처음이었다. 만약 그 사실을 미리 알았다면 처음이 주는 부담에 지원을 망설였을지 모른다. 하지만 무식하면 용감하다고 '최초'라는 생각은 하지 못하고 그저 월 스트리트의 에너지에 홀려 지원을 결정했다. 당시 로이터 코리아에서 근무하고 있었지만, 같은 회사라도 한 지사에서 다른 지사로 옮기는 건 복잡하고 지난한 과정이었다. 한국에 있는 신문사나 방송사처럼 특파원에 지원해 파견 나가는 게 아니라 타 회사로 이직하는 수준의 복잡한 시험과 인터뷰를 하고 마지막에는 보증인에게 확인을 받는 레퍼런스 체크까지 거쳐야 했다. 타 언론사도 마찬가지겠지만 본사에서 지사로 가는 경우는 종종 있어도 지사에서 본사로 옮기는 경우는 극히 드물다. 게다가 전 세계 100여 개의 나라에 있는 로이터 지사는 대부분 현지 채용을 하기에 아무런 연고 없이 아시아에서 뉴욕이나 런던으로 가는 일은 더 드물다.

　　로이터 코리아에서는 경제 분야의 에너지산업 관련 뉴스를 담당했다. 세계 유가 동향과 전망 관련 기사를 담당하는 팀의 일원으로 아시아 원유 시장을 취재했다. 국내 뉴스로는 한국석유공사, 한국전력 및 4대 정유사, 정부 부처로는 지식경제부를 담당했다. 기름 한 방울 나지 않는 나라지만 원유 수입국 세계 5위이며 국내총생산 대비 에너지 소비량은 세계 9위 정도인 우리나라에서 에너지 담당 기자를 한다는 건 예상외로 무척 재미있었다. 현재 배럴당 80달러 정도인 국제 유가가 2007년 중반에 150달러까지 치솟았을 때는 한국이 어느 나라에서 얼마에 원유를 구매하는지에 따라 뉴욕상품거래소에서 거래되는 원유 가격에 변동이 있을 만큼 큰 기삿거리였고, 태안 원유 유출 사건은 전 세계 원유선 구매 트렌드를 바꿔놓기도 했다. 에너지 관련 뉴스는 국내 언론에 비해 로이터나 블룸버그, 다우존스 등 외신에서 더 비중 있게 다루기에 내 바이라인Byline도 나름 잘 알려진 상태였다. 스스로도 이 분야에서 인정받는 기자라 자부하고 아무리 월 스트리트의 벽이 높아도 나 정도 실력이면 승산이 있으리라 생각했다.

하지만 싱가포르에 있는 로이터 아시아 본사의 에너지 뉴스 팀장은 월 스트리트 기자 자리에 지원하는 일이 결코 쉽지 않을 거라고 조심스레 조언했다. 로이터라는 세계적인 통신사에서 매일 쏟아지는 수천 개의 기사 중 한국 관련 뉴스는 비중이 낮은 편이고, 아무리 단독 인터뷰나 탐사 보도를 통해 바이라인이 알려졌어도 전 세계 사람이 읽는 미국 증시 동향 기사와는 분명 큰 차이가 있다는 것이다. 또, 본사에 아는 사람도 없고 그쪽 사람들과 일해본 적도 없으니 분명 지원 단계부터 쉽지 않을 거라고 했다. 나보다 더 잘 알려진 기자도 많이 지원할 테니 어려움이 있을 거라며 잘되지 않더라도 너무 상심하지 말라고, 오히려 안되는 게 당연하고 운이 좋으면 되는 거라고 생각하라고 다독여줬다. 지원하기도 전에 위로부터 받으니 월 스트리트에 대한 두려움이 배로 커졌다.

무모한 도전 vs 현명한 포기

팀장의 말대로 지원 과정은 만만치 않았다. 만약 이직을 한다면 다른 회사로 스카우트되어 갈 거라 자부하던 기자 5년 차의 건방진 생각이 짓밟혔다. 처음 연합뉴스에 지원할 때처럼 자기소개서를 제출하고, 고주파 거래와 공매도 같은 증권 용어를 풀이하는 상식 시험을 치르고, 스트레이트 기사를 작성하고, 편집 실기 등 여러 과정을 거쳐야 했다. 기자 지망생들이 시험을 보러 오면 감독관으로 참관할 경력에 입사 시험을 다시 봐야 하다니, 월 스트리트의 높은 벽에 맞닿은 느낌이었다.

내 경우처럼 2차, 3차로 계속 시험과 면접을 보는 경우는 드물지만 로이터 내에서 다른 부서나 직위로 가려면 누구나 이런 과정을 거쳐야 한다. 1년 차나 10년 차나, 평기자나 선임 기자나, 심지어 데스크까지도 말이다. 그다지 유쾌한 과정은 아니지만 확실히 공평하긴 하다. 한국 언론사에서는 데스크를 하다가 다시 평기자로 돌아가는 일이 거의 없지만 외국 언론사에서는 비일비재하다. 실제로 뉴욕 본사에서 오랫동안 에너지 뉴스 분야 데스크로 있던 한 선배는 얼마 전 세네갈 에너지 담당 기자로 갔다. 이처럼 데스크에 있는 연차가 높은 기자들도 현재는 그 자리에 있지만 자신의 본분은 평생 기자임을 잊지 않고 언젠가 다시 현장으로 돌아갈 준비를 한다. 그리고 기자로 돌아갈 때가 되면 내가 했던 것처럼 자기소개서를 준비하고 시험을 보고 인터뷰를 한다. 뉴욕에 와서 이런 과정을 직접 보고 나서야 나의 지원 과정이 그다지 굴욕적이지 않았음을 알게 되었지만 솔직히 그전까지는 뉴욕이 뭐 그리 대단한 곳이라고 이렇게까지 해야 하는지 억울한 생각도 들었다.

나는 평소 열에 아홉은 포기할 정도로 '현명한 포기'의 열혈 팬이지만 결국 선택한 하나에는 죽기 살기로 매달린다. 나머지 아홉에 골고루 쏟아부었을 노력과 열정을 그 하나에 쏟는다. 그 하나가 월 스트리트였다. 시험 날짜를 기다리며 마치 수험생 같은 공부 스케줄을 소화했다. 퇴근 후 꼬박 5시간을 《바보들에게 가르치는 주식거래Stock Trading for Dummies》라는 초보 책부터 《월 스트리트 저널》과 《파이낸셜 타임즈》, 미국 투자 전문 주간지인 《바론즈Barron's》까지 구할 수 있는 경제지는 모조리 가져와 형광펜으로 밑줄을 그어 가며 공부했다. 밤 10시까지 대학원 수업이 있는 날에도 공부를 거르지 않았다. 수험생 때도 하지 않은 '4당 5락'을 20대 끝자락에 처음 해 보니 아무리 다이어트를 해도 변화가 없던 살이 쭉쭉 빠지기 시작했다. 몇 주간의 이런 '고생' 덕분에 필기시험은 별 무리 없이 통과할 수 있었다. 1, 2차 인터뷰가 남아 있으니 세 고개 중 고작 하나를 넘었을 뿐인데 월 스트리트에 한 걸음 다가갔다는 생각에 마음이 들떴다.

1차 인터뷰는 한국 시간으로 저녁 9시경, 뉴욕 시간으로는 오전 8시에 치러졌다. 월 스트리트 팀장, 경제 뉴스 팀장, 뉴스 총괄 팀장이 패널로 참여한 가운데 전화 회의 방식으로 진행되었다. 첫 질문은 지원 동기일 거라 생각하고 머릿속으로 대답을 준비하고 있는데 그들은 예상외로 바로 본론에 들어갔다. '어떤 식으로 월 스트리트 팀에 기여할 수 있느냐'가 첫 질문이었다. 총 지원자가 6명인데 다른 이들에 비해 내가 가진 경쟁력과 그 능력을 펼칠 방법을 설명하라고 했다. 예상 질문 4, 5번 정도가 첫 번째로 나오니 당황스러웠다. 속으로 '뭐가 이리 급한 거야?'라고 생각하며 마음을 가다듬고 대답을 시작했다.

"로이터는 통신사라는 특성 때문에 어쩔 수 없이 호흡이 짧은 스트레이트 기사를 많이 쓰게 되어 있지만 현재 회복 국면으로 접어든 글로벌 경기에 대해서는 호흡이 긴 분석형 기사가 적절하다고 판단됩니다. 경기회복은 폭락에 비해 더디고 불투명하게 진행되는데 스트레이트 기사로는 단편적인 면밖에 보여줄 수 없습니다. 분석형 기사는 블룸버그나 다우존스에 비해 로이터가 보강해야 할 부분입니다. 신문이나 잡지 등 인쇄 매체의 입지가 점차 좁아지면서 생겨나는 분석형 기사의 부재를 메우는 일이 앞으로 통신사가 나아가야 할 방향이라고 생각합니다. 저는 월 스트리트와 미국 증시를 깊이 있게 감시하고 분석하고 취재해 디테일한 기사를 쓰는 데 치중하겠습니다. 그리고 이런 기사를 쓰려면 경제 분야만 다뤄본 기자의 시각보다는 사회, 정치, 문화 등 여러 분야를 두루 경험한 저 같은 기자의 시각이 꼭 필요하다고 생각합니다."

나름 조리 있게 답했다고 생각했는데 그들은 실망하는 눈치였다. 누구나 할 수 있는 진부한 대답이 아닌 나만이 가진 확실한 장점을, 무기를 내세우길 바란 것이다. 월 스트리트와 감히 맞짱 뜰 수 있는 '나만의 무기' 말이다. 그들은 단지 그뿐이냐고 물었고, 나는 순간 당황해 아무것도 생각나지 않았다.

"I am fearless. 전 겁이 없습니다" 결국 고심 끝에 대답은 했지만 그와 동시에 후회했다. 겁이 없다니, 그토록 프로답지 않은 추상적인 대답을 하다니. 다시 주워담고 싶은 심정이었다. 다른 지원자들은 분명 MBA 학위나 CFA● 같은 금융 자격증 또는 외국어 구사 능력에 대해 말할 텐데, 나는 고작 겁이 없다는 걸 최대 장점으로 내세우다니. 그들도 어처구니가 없었는지 설명을 덧붙이라고 했다.

"저는 대학을 졸업하고 국제기구라는 누가 봐도 좋은 직장에서 일하게 되었지만 기자가 되고 싶은 꿈과 조국을 경험하고 싶은 마음에 내 나라이긴 하지만 낯선 땅인 한국으로 무작정 갔습니다. 한국어는 잘했지만 기사를 쓰기에는 부족한 실력이었고, 말끝에 '-요'만 붙이면 존댓말인 줄 알 정도로 한국 문화에 익숙하지 않았습니다. 하지만 이런 낯선 환경에서도 기자가 되기 위한 신고식이 가장 혹독하다는 한국 언론사에 입사해 수습기자가 되었습니다. 사회부 경찰 팀에 배치되어 경찰서에서 먹고 자는 생활을 하며 기자의 자질과 끈기를 키우는 훈련 과정을 견뎌냈습니다. 살인 사건 용의자와 일대일 대면도 하고, 국립과학연구소에서 부검을 참관하고 니와 내장탕을 먹으러 갈 정도의 담력도 키웠습니다. 월 스트리트가 아무리

●미국 CFA Institute에서 자격을 부여하는 공인재무분석사.

상어가 득실거리는 곳이라 한들 저는 두려울 게 없습니다. 그 어떤 경쟁에서도, 그 누구에게도 지지 않을 자신 아니 확신이 있습니다."

그들은 제법 놀라는 눈치였다. 사실 경찰서를 도는 수습기자 훈련은 외국 특히 서양에서는 상상도 못할 일이다. 내 대답이 마음에 들고 안 들고를 떠나 그들은 그저 나를 미지의 세계에서 온 신기한 사람으로 생각하는 것 같았다.

인터뷰가 끝난 뒤 '왜 좀 더 프로페셔널하게 대답하지 못했을까' 하는 절망감에 빠졌다. 그런데 다음 날 그들에게 메일이 왔다. 놀랍게도 2차 인터뷰 스케줄을 잡자는 것이었다. 나의 'fearless' 한 대답이 통한 걸까. 뛸 듯이 기뻤지만 부담감은 배로 커졌다. 되고 안 되고를 떠나 2차 인터뷰에서는 무조건 용감하기만 한 문혜원으로 보이고 싶지 않았다. 좀 더 준비해서 전문적인 대답을 해야 한다는 생각에 다시 수험생 모드로 돌입했다.

몇 주 후, 밤을 새며 기다리던 2차 인터뷰까지 1시간이 채 남지 않은 상황에 뉴욕에서 짧은 메일이 한 통 도착했다. 더도 덜도 말고 딱 한 줄로 "금융 위기로 인해 로이터 뉴욕 본사 및 미국에 있는 지사의 모든 채용 계획이 무한정 보류되었다."라고 적혀 있었다. '미안하다' '유감이다' '그동안 고생했다' 그런 형식적인 말 한마디조차 없었다. 그 순간을 위해 몇 달을 고생하며 준비한 나 따위는 아무 상관없다는 투였다. 인간미 없는 그 메일이 피도 눈물도 없는 월스트리트와 참 많이 닮아 있다고 생각했다. 그리고 순간 머릿속이 하얘졌다. 금융 위기를 맞은 월 스트리트를 몸소 부딪치고 취재하겠다던 내가 그 피해자가 될 줄이야 누가 상상이나 했겠는가.

내심 기대가 컸는지 그 상황이 무척 실망스러웠다. 일이 손에 잡히지 않아 결국 반나절 휴가를 내고 무작정 회사를 나왔지만 막상 아무것도 할 수 없었다. 그냥 공원에 앉아 억울할 만큼 파란 하늘만 바라봤다. 그때의 나는 전속력으로 달리던 기관차가 강제로 정지된 상태나 다름없었다. 더 나가고 싶어 엔진을 끄지 못한 상태. 정말 오래간만에 무언가에 100퍼센트 열정과 노력을 쏟고, 우회하지 않고 한길로 내달렸으니.

집으로 돌아가는 길에 문득 옛 생각이 났다. 국제기구에서 일할 당시 만난 한 자기계발 컨설턴트가, 기자가 되고 싶어 진로를 고민하던 내게 해준 말이다. "도전은 대가가 따르지 않는다. 도전은 밑천 없이 시작하는 것이기에 아무것도 잃을 게 없다."

원하는 바가 아직 나의 것이 아니니 잃을 게 없는 거고, 그러니 편한 마음으로 도전해 내가 할 수 있는 모든 걸 쏟아내라는 이야기였다. 없이 시작했으니 실패해도 잃을 게 없다는 말, 맞는 이야기지만 그날 그 순간만은 마치 내가 가지고 있던 뭔가를 빼앗긴 기분이었다. 큰 무언가를 잃은 느낌에 더는 어떤 일도 쉽게 도전하지 못할 것 같았다.

실패, 그리고 또 다른 제의

할 수 있는 게 없었다. 실력이 문제라면 더 공부하고 노력해 다시 지원하면 되고, 정 안되면 포기하면 그만인데 이것도 저것도 아닌 미지근한 상태였다. 그 자리가 다시 나오면 그때 도전하면 된다지만 언제 경기 침체가 풀리고 보류가 해지될지, 설사 그렇게 된다 해도 사상 최고의 실업률을 기록하고 있는 미국이 자국민이 아닌 외국인을 고용할 확률은 높지 않았다. 결국 나는 운명을 받아들이고 현실로 복귀하는 수밖에 없었다.

그렇게 몇 달이 지나, 싱가포르에 있는 에너지 뉴스 팀장에게 뜻밖의 제의를 받았다. 로이터 아시아 본사에 에너지 뉴스 담당 기자 자리가 났는데 지원해보지 않겠냐는 것이었다. 싱가포르에 가서 일하고 싶은 생각은 없었지만, 엔진을 끄지 못한 기관차 같던 나는 어디라도 가야겠다는 생각에 선뜻 그 제안을 받아들였다. 월 스트리트에 느꼈던 설렘은 없었지만 지금까지 해오던 일을 좀 더 큰 곳에 가서 하는 것이니 어떻게 보면 뉴욕보다 훨씬 현명하고 수월한 길이었다.

싱가포르 에너지 담당 기자 자리는 그때까지 함께 일하던 팀의 일원으로 들어가는 것이라 지원, 시험, 인터뷰 등의 과정이 단 3주 만에 끝이 났다. 나를 알고 내 능력을 인정해주는 데스크와 인터뷰했으니 월 스트리트에 지원할 때와는 하늘과 땅 차이였다. 월 스트리트에 비교하면 별다른 노력을 들이지 않고 편한 마음으로 모든 과정에 임했다. 결과는 합격이었다. 통과했다는 사실도 기뻤지만 그보다 나를 원하고 필요로 하는 팀이 있다는 사실이 고마웠고 그동안 월 스트리트에 구겨졌던 자존심이 펴지는 것 같았다.

하지만 그때부터 갈등이 시작되었다. 일단 싱가포르에 가게 되면 최소 3년은 그곳에 있어야 하는데, 다시 말해 3년은 월 스트리트에 도전할 수 없다는 뜻이었다. 월 스트리트를 한순간에 그렇게 포기하는 건 쉬운 결정이 아니었다.

분명 싱가포르 아시아 본사 기자도 탐나는 자리였다. 특히 에너지 뉴스 분야는 로이터 내에서 급부상하는 뉴스 팀 가운데 하나였다. 게다가 싱가포르 아시아 본사는 일을 잘하기로 소문이 나 있었고 팀장을 비롯해 모두 팀워크가 잘 맞았다. 내가 연합뉴스에서 로이터 통신으로 이직한 이유도 에너지 뉴스를 다룰 수 있고, 존경하는 에너지 뉴스 팀장과 함께 일할 수 있기 때문이었다.

이런 팀워크 덕에 로이터에 입사한 지 2달 만에 아시아 베스트 기사로 뽑힌 적도 있었다. 배럴당 40~50달러 하던 유가가 60달러로 뛰는 바람에 전 세계가 유가 동향을 주시하고 있을 때였다. 마침 국제 석유 가격을 좌지우지한다는 석유 수출 단체 OPEC 의장이 한국을 방문했다. 그 의장의 말 한마디가 국제 석유 시장에 큰 파장을 일으킬 수 있는 민감한 시기였기에 인터뷰만 할 수 있다면 더할 나위 없는 기회였다. 나는 그 의장이 한국에 입국하는 시간을 알아내기 위해 비엔나에서 들어오는 비행기 스케줄을 샅샅이 뒤지고, 서울에 있는 모든 호텔에 전화를 걸어 투숙객 정보를 물어봤다. 하지만 안보 차원에서 일부러 가명으로 비행기편과 호텔을 잡아놨다는 이야기를 듣고 무작정 새벽에 인천공항으로 달려가 뻗치기에 들어갔다. 내가 고생하고 있는 걸 알고 아시아 원유 담당 기자는 평소 안면이 있던 OPEC 의장의 수행원에게 연락해 내가 기다리고 있는 입국장을 통해 들어와달라고 부탁했고, 비엔나에 있는 OPEC 담당 기자는 에너지 뉴스에는 생소한 내게 예상 질문지를 뽑아주었다. 기다림 끝에 오후 2시쯤 입국장에서 OPEC 의장을 만나 의전 차량으로 이동하는 약 10분간 단독 인터뷰를 할 수 있었다. 인터뷰가 끝나고 곧바로 싱가포르에 있는 팀장에게 내용을 전해 20분 뒤에 기사를 내보냈다. 뒤늦게 타사 기자들이 공항에 몰려들었지만 이미 중동 국가들의 원유 수출에 추가 감산을 시사한 OPEC 의장의 발언을 담은 내 기사로 세계 원유 가격이 폭등한 뒤였다.

지금 생각해도 정말 팀워크가 좋았기에 그런 기사가 나올 수 있었다. 비엔나에서 OPEC 의장이 한국으로 출발한다는 사실을 일러주고 실시간 전화로 생소한 에너지 뉴스와 용어를 알려준 기자들과 새벽부터 내 기사를 위해 대기한 데스크 모두 밤이든 새벽이든 시간을 가리지 않고 일했다. 싱가포르에 간다면 개인주의가 만연한 외국 언론사에서는 찾아보기 힘든 팀워크가 좋은 팀에 합류해 그들과 함께 세계가 주목하는 기사를 쓸 수 있었다. 머리로 생각할 때는 승낙하지 않을 이유가 없었다.

하지만 마음이 정해지지 않아 문제였다. 싱가포르에 있는 팀장에게 일주일간 생각할 시간을 달라고 말하고 그 어느 때보다 치열하게 고민했다. '싱가포르 아시아 본사에 가면 내가 쓰는 기사의 영향력이 커질 뿐 아니라 무엇보다 내 능력을 발휘할 수 있는 최고의 팀과 함께 일할 수 있다. 언제 다시 열릴지 모르는 뉴욕 때문에 이런 좋은 자리를 포기해야 하나? 나를 그다지 원하지 않는 월 스트리트 팀에 막연한 기대를 거는 게 과연 옳은 선택일까? 이 자리마저 포기하면 더 큰 무대로 영영 나가지 못하게 되는 건 아닐까? 지금 와서 가지 않겠다고 하면 싱가포르 데스크는 뭐라고 할까? 좋았던 팀워크가 깨지는 건 아닐까?'

머릿속이 내 자신에게 묻는 수많은 질문으로 가득 찼다. 하지만 마음의 답은 처음부터 나와 있었다. 싱가포르에 가겠다 49, 가지 않겠다 51. 너무 근소한 차이였기에 치열한 고민을 통해 내 결정을 확인하고 싶었을 뿐 어쩌면 처음 싱가포르에 지원한 그때부터 그곳에 갈 마음은 없었다.

일주일 후, 팀장에게 아시아 본사 자리에 가지 않겠다고 말했다. 고맙게도 그는 내게 이유를 묻지 않았다. 하지만 다음에는 그 어떤 자리든 100퍼센트 확신이 서지 않으면 지원하지 말라는 가시 돋친 말을 했다. 어떤 일이든 지나고 보면 후회가 생기기 마련이지만 처음 제안을 받았을 때 당장 그 순간만 생각하지 않고 좀 더 신중하게 고민했더라면 하는 아쉬움이 든다. 그랬다면 나중에 경솔하게 번복하는 일은 없을 테니.

그 후 다시 월 스트리트 자리를 위한 준비를 시작했다. 그 자리가 언제 다시 날지, 설사 나더라도 그쪽에서 나를 원할지 알 수 없었지만 늘 준비가 되어 있고 싶었다. 다시 공부하고, 월 스트리트 관련 기사를 작성하는 연습을 했다. 하지만 이런 노력을 비웃듯 상황은 호전될 기미는커녕 악화되어 갔다. 예상대로 월 스트리트는 투자은행들의 연쇄 파산으로 점점 큰 타격을 받았고 미국 내 실업률은 20년 만에 최고치를 기록했다. 그만큼 내가 뉴욕에 가서 월 스트리트를 담당할 기회는 차츰 희미해져 갔다.

그런데 그때 월 스트리트 담당 기자 공고가 떴다. 그야말로 경이로움 그 자체였다. 그런 경기 침체에는 상상도 못할 일이었다. 공고를 보자마자 들뜬 마음으로 나를 인터뷰했던 월 스트리트 팀장에게 연락을 취했다. '공고가 나면 보류 상태로 남겨진 내게 먼저 연락을 줘야 하는 게 아닌가.'라는 생각 따위는 하지 않았다. 그저 다시 도전하고 싶어 마음이 두근거렸다. 하지만 이번에도 일이 쉽게 풀리지 않았다. 새로 공고가 난 자리는 일전에 지원한 것보다 더 높은 경력을 요구했다. 점점 악화되어 가는 세계 경제의 흐름을 전반적으로 다룰 수 있는 경력 10년 차 정도의 기자를 찾고 있었다. 내 경력은 그 반밖에 되지 않으니 턱없이 부족했다.

하지만 무슨 배짱이었는지 그 자리에 지원했다. 차라리 떨어지면 깨끗이 포기할 수 있을 것 같았다. 한 가지 확실한 건 내 도전의 끝을 보지 않고 그만두기에는 그간의 노력과 시간이 아까웠다.

뉴욕, 20대의 마지막 일탈

나는 처음부터 다시 시작해야 했다. 지원서를 내고, 시험을 치르고 인터뷰를 했다. 그 과정을 왜 다시 해야 하는지 따위는 중요하지 않았다. 억울하거나 자존심이 상하지도 않았다. 합격이든 불합격이든 끝까지 해 보고 싶었다.

최종 인터뷰 때, 우연인지 필연인지 예전에 나를 인터뷰했던 데스크들과 다시 만나게 되었다. 그들은 내가 싱가포르에서 제의를 받은 걸 어떻게 알았는지 '왜 싱가포르에 가지 않았느냐'고 질문했다. 그들이 보기에 나는 참 바보 같은 선택을 한 것이다.

"최선이 아닌 차선을 선택하기에 제 나이가 너무 어린 것 같습니다. 아직 전 20대거든요." 단순한 대답에 그들은 큰 소리로 웃으며 자신들은 나이가 많아 나처럼 무모한 도전은 생각하지 못한다고 했다. 그리고 어이없게도 인터뷰는 그 질문 하나로 끝이 났다. 순간 내가 확실히 마음에 들거나 아예 마음에 들지 않거나 둘 중 하나라는 생각이 스쳤다. 모 아니면 도. 초조하거나 걱정되지는 않았다. 주사위는 던졌으니, 처음 인터뷰 때보다 가뿐한 마음으로 집에 돌아갔다. 한동안 짓누르고 있던 그 무언가가 홀연히 사라진 기분이었다.

오랜만에 푹 잠을 자기 위해 일찍 잠자리에 들었지만 단잠은 새벽 4시 반에 뉴욕에서 걸려온 전화로 끝이 났다. "그곳은 새벽일 텐데, 일찍 소식을 전하고 싶어서. 우린 네가 월 스트리트 팀에 들어와서 매일 이 전쟁터 같은 주식시장을 함께 커버하길 바라는데, 어때?" 왜 싱가포르에 가지 않았느냐고 묻던 월 스트리트 팀장이었다. '자다가 봉창 두드리는 소리'라는 말이 분명 이럴 때 쓰는 것 같았다. 창밖은 어둑어둑하고, 잠은 완전히 깨지 않은 상태에서 혼잣말을 중얼거렸다. "이거 분명 뉴욕에서 온 전화 맞지? 꿈은 아니겠지? 꿈이면 얼른 깨야 하는데……." "여보세요? 끊어졌나?" 팀장의 목소리가 다시 또렷하게 들려왔다. '아, 꿈이 아니구나. 현실이구나.' 그제야 잠이 확 깼다. "아, 네! 좋습니다." "OK, 우리 팀에 합류한 걸 환영한다. Welcome aboard!"

뉴욕에 온 뒤 팀장에게 물은 적이 있다. 미국 내 높은 실업률 때문에 자국민 위주로 채용한다는 소문이 있었는데 왜 굳이 나를 뽑았느냐고. 그는 로이터는 국적보다 실력을 중요하게 생각한다고 말했다. 무엇보다 월 스트리트와 맞짱 뜰 배짱 두둑한 사람이 제격이었다고. 그리고 그가 덧붙였다. "내 주위에 부검 장면을 보고 내장탕을 먹으러 갈 수 있는 사람은 너밖에 없을걸!"

어찌했든 시작되었다. 주어진 그대로 살아갈 수 있었던 내 20대의 마지막 일탈이, 바로 뉴욕에서!

"세상의 무수히 많은 변수 중 나는 이기고 지는 것밖에 몰랐다.
결국 본질적인 바닥은 이기고 지는 것.
이기면 좋고 싶으면 못 견디는 곳이 바로 월 스트리트다.
중간 없이 단순히 두 가지의 감정만 가지고 살아가는 것이 버겁지만
어찌하겠는가. 그것이 내가 살아가는 월 스트리트라는 세상이고
매섭고 바짝 말라버린 이 감정에 충실해야 하는 게 나의 일인걸."

월 스트리트 전망 : 황소 vs 곰

뉴요커들에게 뉴욕에서 가장 중요한 곳이 어디냐고 물으면 절반은 월 스트리트라고 답할 것이다. 반대로 가장 싫어하는 곳을 물어도 대답은 역시 마찬가지일 것이다. 이곳은 세계 경기 침체의 주범으로 비난받는 한편 동경의 대상이 되는 거리다.

세계 경제와 비즈니스의 중심지로 일컬어지는 월 스트리트는 뉴욕 맨해튼 남쪽에 위치한 금융 행정구이다. 1800년대, 적군으로부터 맨해튼을 보호하기 위해 세운 벽이 월 스트리트의 시초다. 이 벽을 따라 금융 기업들이 들어서면서 현재의 모습이 되었다. 이곳에는 주식시장의 활황 장세를 상징하는 월 스트리트의 마스코트 황소 조각상Wall Street Bull이 매서운 눈매를 하고 사방을 지키고 있다. 마치 월 스트리트의 힘은 함부로 꺾이지 않는다고 엄포를 놓는 듯 기세가 대단하다. 이 황소는 유난히 코와 뿔이 반짝이는데, 그 부분을 손으로 문지르면 월 스트리트 사람들처럼 부자가 된다는 속설에 수많은 관광객이 가만 놔두지 않는 탓이다.

이 황소는 그냥 조각상이 아니라 미국 증시의 힘의 상징이다. 흔히 강세장은 Bull Market, 약세장은 곰에 비유해 Bear Market이라 부르는데 여기에는 여러 가지 설이 있다. 보편적으로 황소는 싸울 때 뿔을 위로 받는다고 상승장이고, 곰은 아래로 내리찍는다고 하락장이다. 이를 따라, 적극적으로 주식을 매입하거나 저돌적으로 개입하는 투자자를 Bull이라 하고 시장의 하락을 예측해 약세장에 주식을 파는 투자자를 Bear라고 한다. 월 스트리트를 취재하다 보면 대개 투자자들은 Bull 대 Bear로 확연히 나뉜다. 완벽하게 회복되지 않은 경기에 주가가 상승하는 것을 Bear Market Rally라고 말하는 쪽도 있고 본격적인 글로벌 금융 위기가 시작된 2008년 리먼 브라더스 파산 이전 수준으로 회복한 현재 주식시장을 Bull Market Rally가 시작되었다고 보는 경우도 있다. 이들 중 누구의 투자 방법이 맞는지는 의견이 분분하다. 회복된 주가지수만 보면 분명 황소 투자자들의 이론에 힘을 실어줘야 하지만 개인적으로 현재의 상승세를 완전한 bull Market으로 보진 않는다. 분명 경기가 회복 국면으로 가고 있는 건 맞지만 현재의 증시 반등은 미국 중앙은행의 양적 완화 조치에 따라 마구 뿜어대는 값싼 달러에 의존한 기반 없는 반등이라는 생각이 든다. 또, 투자자들이 단지 저가 매수의 기회를 보고 주식을 사면서 짧게는 일주일 길게는 한 달 이상 증시가 회복세를 보이다가 한순간 떨어지는 경우가 종종 있다.

고질적인 장기 불황에 일시적 반등이 신기루처럼 여러 차례 나타났다 사라질 뿐 현재의 투자 환경이 안정되고 견실해 보이지는 않는다. 물론 이러한 때 더 쉽게 이익을 낼 수도 있지만 그만큼 리스크가 따르기에 기관이 아닌 개인 투자자에게는 힘든 환경이다.

이렇게 내 생각을 늘어놓으면 월 스트리터들은 내가 취재거리를 위해 여기저기 뛰어다니는 모습은 꼭 황소 같은데 생각은 전형적인 곰이라고 말한다. 그러면서, 퇴근할 때 월 스트리트 황소와 눈도 마주치지 말라는 농담식 경고를 건넨다. 나는 전형적인 곰은 아니다. 단지 한때의 과욕으로 전 세계 경기를 위태롭게 하고 수천만 명에게 Pink Slip비격식 해고 통지서을 안겨준 월 스트리트가 다시 황소처럼 꺾이지 않는 힘을 내기까지는 아직 갈 길이 멀다고 본다.

상어가 득실거리는 곳, 월 스트리트

누군가 월 스트리트를 '상어가 득실거리는 곳'으로 표현했다는데 이는 월 스트리트를 커버하는 언론사들에도 적용되는 말이다. 타사 기자들과 매일 아침 웃는 얼굴로 인사를 나누고 커피를 마시지만 취재 경쟁에서 상냥함 따위는 없다. 취재하러 가는 티를 내지 않으려고 취재 수첩은 두고 마이크가 달린 펜 하나만 챙겨 객장에 들어가는 경우가 다반사다. 이러한 견제가 처음에는 잘 적응되지 않았다. 취재의 치열함은 한국에서 기자 생활을 할 때 겪어봤기에 그리 긴장하지 않았지만, 증시 시황 기사는 장이 움직이는 방향과 그 이유만 설명하면 되는데 왜 그리 비밀스럽게 경계하는지 이해할 수 없었다. 하지만 머지않아 곧 알게 되었다. 월 스트리트 뉴스는 세계에서 가장 많이 읽히는 기사인 만큼 아무리 사소한 것이라도 타사가 전달하지 않은 그 어떤 플러스알파를 위해 고군분투해야 한다는 것을.

한국에서 로이터 통신 기자라고 하면 열에 여덟은 "아, 네." 하고 고개를 끄덕이고 이해하는 척한다. 그중 넷 정도는 다시 "근데 로이터가 신문사인가요?" 하고 되묻고, 나머지 둘 중 한 명은 "KT 같은 통신사인가요?"라고 묻고, 남은 한 명은 "롯데 자이언츠 전 감독인 로이스터와 관련된 곳이에요?"라고 묻는다.

통신사의 역할은 일반 신문, 방송과 거의 같다고 볼 수 있다.

군이 차이를 두자면 신문과 방송은 독자와 시청자 즉 일반 국민을 대상으로 뉴스를 제공하지만 통신사는 신문사와 방송사, 정부 기관, 대기업, 금융기관 등 각종 기관을 대상으로 한다. 통신사가 뉴스 도매상이라면, 신문과 방송은 뉴스 소매상이라고 할 수 있다. 신문과 방송사 기자들은 일차적으로 통신 기사를 참조한 뒤 추가 취재를 통해 기사를 내는 경우가 많다.

뉴스가 처음 탄생하는 곳이 통신사다. 내 손끝에서 뉴스가 시작되는 그 매력에 빠져 2005년 기자가 된 후로 계속 통신사에서 일하고 있다. 이런 이유로 통신사 기자는 '기자 중에 기자'라는 말을 듣지만 동시에 '이름 없는 기자'이기도 하다. 통신사 뉴스는 일반인에게 직접 전달되는 채널이 아니기 때문에 기자의 이름이 덜 알려지는 편이다. 이 점이 가끔 섭섭할 때도 있다.

통신사 기자에게는 사실상 마감이 존재하지 않는다. 언제 어떤 일이 일어날지 모르는 상황에 대기하고 있다가 사건이 터지면 곧장 기사를 써서 넘겨야 한다. 실시간으로 기사를 보내야 하기에 일반 신문사나 방송사 기자보다 불규칙한 생활을 할 수밖에 없다. 우스갯소리로, 기자의 수명이 보통 사람보다 짧은데 그중에서도 통신사 기자가 가장 단명한다는 이야기가 있다.

1851년, 영국 런던증권거래소에 사무실을 열고 주식시세와 증권 뉴스를 속보로 전하기 시작한 로이터 통신은 한때 '영국의 육군이나 해군보다 강하다'는 평을 들을 정도로 전 세계 뉴스의 흐름을 주도했다. 하지만 경제 뉴스의 중심이 미국에 맞춰지면서 현 뉴욕 시장인 마이클 블룸버그가 창립한 경쟁사 블룸버그 통신에 밀리기 시작하자 2007년 글로벌 미디어 그룹인 톰슨 코퍼레이션과 합병했다. 이후 공식 명칭을 톰슨 로이터Thomson Reuters로 바꾸고 뉴욕으로 본사를 이전해 현재는 150개국, 약 230개의 도시에 지국을 두고 있는 세계 최대의 경제 통신사가 되었다.

로이터 통신은 돈과 물자의 흐름을 보도하는 경제 뉴스가 전체 뉴스 중 90퍼센트를 차지한다. 경제 뉴스의 생명은 속보다. 1850년, 로이터가 선택한 기술 병기는 비둘기였다. 증권 시세가 적힌 종이를 비둘기 발목에 묶어보내면 기차보다 6시간 빨랐다고 한다.

월 스트리트를 취재하며 깨달은 점은 바로 'Get it First, but First Get it Right'라는 말처럼 뉴스를 전달하기 전에 그것이 정확한지 먼저 확인해야 하는 것이다. 신속함보다 중요한 것이 정확성이다. 1초가 아까운 월 스트리트의 속보 경쟁에서 타사를 제치는 것만큼 짜릿한 일도 없다. 그렇지만 단지 이기기 위해 팩트를 확인하지 않고 기사를 내보내는 건 아예 보내지 않느니만 못하다.

아무리 많이 준비해도 현장은 늘 예상과 다르게 돌아간다. 예측 불허의 상황에서 남보다 빠르고 정확하게 뉴스를 전달하려면 얼마나 발로 뛰느냐가 중요하다. 직접 발로 뛰어 얻어낸 이야기는 분명 기사에 드러나기 때문이다. 그 생생함과 진정성을 전하기 위해 나는 오늘도 상어가 득실거리는 월 스트리트에 기꺼이 뛰어든다.

타임스퀘어에 살면 영혼을 잃을 수 있다?

나는 한 달에 반은 뉴욕증권거래소가 있는 월 스트리트로, 반은 로이터 본사가 있는 타임스퀘어로 출근한다. 뉴욕에서, 그것도 맨해튼에서 살아가는 사람들이 죽었다 깨나도 살기 싫어하는 장소, 월 스트리트와 타임스퀘어가 내 일터고 내 집이다.

회사는 42번가와 7번 애비뉴가 만나는 거리에 있고, 집은 43번가와 8번 애비뉴 사이에 있다. 회사와 5분 거리에 위치해 있는 집은 서울로 치면 종로나 명동, 강남역 한복판과 다름없다. 하루에도 수만 명의 관광객이 다녀가는 타임스퀘어의 가장 중심부. 관광객들은 어둑어둑한 새벽에도 타임스퀘어를 장악하고 그 시간에 출근하는 나를 붙들고 사진을 찍어달라고 청한다.

맨해튼의 가장 중심인 이곳은 몰려드는 인파로 테러의 대상이 되기도 한다. 얼마 전, 폭탄을 실은 한 차량이 타임스퀘어에서 발견되어 41번가부터 50번가가 폐쇄되고 수만 명의 관광객이 대피한 사건이 있었다. 인근 지하철이 중단되고 브로드웨이 공연도 전부 취소되었다. 다행히 테러는 미수로 그쳐 한바탕 소동으로 마무리되었지만 당시 출동한 경찰의 증언에 따르면 지난 2001년의 9·11 테러가 떠오를 정도로 아찔한 순간이었다고 한다.

나는 타임스퀘어에 산다는 이유로 주말에 불려나가 테러에 대한 관광객의 반응을 취재했는데 이들은 예상외로 두려워하거나 걱정하기보다 그런 소동의 표적이 된 걸 오히려 즐기고, 좋은 구경거리였다고 생각하고 있었다. 전 세계인이 환상을 가지고 있는 타임스퀘어에 왔기 때문에 그 같은 경험이 가능했다는 것이다. 그 후에도 몇 번 테러가 의심되는 차량이 발견되어 타임스퀘어가 봉쇄되었지만 뉴욕을 찾는 사람들은 그 정도의 위협에는 별 영향을 받지 않는 듯했다. 실제로 2000년도에 연간 약 170억 달러이던 관광 수입이 2001년 9·11 테러 이후 150억 달러로 줄었다가 2003년에는 다시 180억 달러로 회복했다. 현재 연간 관광 수입은 300억 달러에 육박한다.

처음부터 맨해튼에 살고 싶은 생각은 없었다. 타임스퀘어처럼 화려하고 북적거리는 곳보다 주거지역인 어퍼 이스트나 어퍼 웨스트에 집을 구하고 싶었다. 하지만 월 스트리트 기자의 출근 시간이 새벽 6시라는 걸 알고 도저히 다른 곳에서는 살 엄두가 나지 않았다. 친한 증권거래소 홍보 팀장은 나를 만날 때마다 '타임스퀘어에 사는 건 영혼을 잃는 거나 마찬가지'이고 뉴욕의 100분의 1도 즐기지 못하는 거라며 하루빨리 집을 옮기라고 조언한다. 그의 말이 옳을지도 모른다. 코카콜라, 삼성전자, HSBC 등 글로벌 기업의 광고판에서 뿜어져 나오는 빛으로 24시간 번쩍이는 이곳은 늘 이방인이 된 듯한 기분이 갖게 하니 말이다.

타임스퀘어는 세계경제의 나침반으로도 불린다. 연간 약 3천 8백만 명이 다녀가는 만큼, 땅이 꺼지지 않을까 걱정될 정도로 수많은 관광객이 타임스퀘어에 모여든 모습을 보고 있으면 자본 경제의 중심 월 스트리트와 함께 이곳 또한 세계경제의 중심임을 알 수 있다. 자본의 흐름을 읽고 기사화해야 하는 내게 이곳은 최전방이나 마찬가지다. 고풍스러운 건물이 많은 어퍼 이스트나 자유로운 예술가의 영혼이 깃든 첼시나 소호에서 좀 더 인간답게 살고 싶은 마음도 있지만 이 일을 하는 이상 타임스퀘어에 살 수밖에 없다고 나 스스로를 어른다.

월 스트리트의 할머니

고대하던 월 스트리트 팀으로의 첫 출근은 그야말로 호된 신고식이었다. 그리고 한 달간은 제대로 일을 하는지도 모를 정도로 정신없이 보냈다. 내 딴에는 그 누구에게도 뒤지지 않을 정도로 준비했다고 생각했는데 마치 그곳에 오기까지의 험난한 과정이 전부 장난인 듯 직접 마주한 월 스트리트의 벽은 생각보다 높고 매서웠다.

선물 시장이 열리는 새벽 6시부터 주식시장 오프닝 벨이 울리는 9시 30분까지, 9시 30분부터 클로징 벨이 울리는 오후 4시까지, 오후 4시부터 6시까지 약 2시간 동안 주시해야 하는 선물 시장. 하루 12시간 꼬박 온몸의 신경과 핏줄이 서는 느낌이었다. 기업들의 분기별 실적 발표 기간에는 더했다. 미국 기업들은 주식시장 오픈 전이나 마감 후에 주로 실적을 발표하기 때문에 평소보다 요동치는 선물 시장에서 한시도 눈을 뗄 수 없었다. 한국에서는 삼성전자 실적 발표 때가 가장 바쁜 날 중 하나였는데 여기는 매일 삼성전자 같은 기업 20곳 정도가 실적 발표를 하는 것 같았다. 주식시장 마감인 4시부터 15분간 실적 기사를 10개 넘게 쓴 적도 있다.

첫 출근부터 아무런 트레이닝 없이 바로 그다음 주, 주가 전망 기사를 쓰라는 지시를 받았을 때는 정말 머리가 빙빙 돌 지경이었다. 로이터에서 나오는 기사의 반 이상이 미국발 기사이고 그중에서도 월 스트리트 기사는 가장 많은 독자를 확보하고 있다. 특히 주식 전망 기사는 전 세계 증시 방향을 좌지우지할 만큼 중요한 기사인데 첫날부터 그걸 쓰라니. 발을 동동 구르며 불안해하자 같은 팀 기자가 이런 말을 했다. "이곳에 오려면 그 정도 준비는 하고 왔어야 하는 거 아닌가? 쉬울 거라고는 생각 안 했겠지."

월 스트리트 담당 기자 자리에 오기 위해 했던 공부는 빙산의 일각이라는 걸 그때 여실히 느꼈다. 거기다 용어조차 생소한 옵션까지 담당하라는데 도대체 뭘 어디서부터 어떻게 시작해야 하는지 앞이 깜깜했다.

평소 낙관주의자는 아니었지만 그렇다고 비관주의자라고 생각한 적도 없는데 아이러니하게 그토록 바라던 곳에서 그토록 원하던 일을 하게 되었을 때 나는 완벽한 비관주의자가 되었다. 아직 일이 손에 익지 않고 눈에 익지 않았을 뿐 곧 자신감 넘치던 예전 모습으로 돌아가 자유자재로 기사를 쓸 수 있을 거라 그렇게 생각하려고 했지만 마음은 반대로 향했다. 아침마다 자책감에 빠져 왜 이런 고생을 자처했는지 한탄했다. 동트기 전 타임스퀘어를 가로질러 출근할 때부터 해 진 후 화려한 전광판을 보며 퇴근할 때까지 하루에도 12번씩 뉴욕에 오기로 결정한 내 자신이 싫어졌다. 오죽하면 월 스트리트를 그만두고 한국에 돌아갈 경우 회사에서 받은 이사 비용 중 얼마를 물어내야 하는지 계산하기 바빴을까.

가장 큰 문제는 자신감 결여로 인한 두려움이었다. 이곳 기자들 특히 월 스트리트 팀의 기자들은 뉴욕 주식시장 아니 세계 주식시장을 가장 먼저 연다는 자부심으로 일하고 있었다. 그들은 자신이 쓴 기사를 타 회사 기자들이 으레 따라 쓸 것이라는 충만한 자신감이 있었다. 나는 그들의 손끝에서 나오는 힘에 주눅 들어버렸다.

뉴욕에 온 지 얼마 되지 않아 시차 때문에 잠을 이루지 못하다가 한국에 있는 친한 친구에게 전화를 걸었다. 왜 여기까지 와서 힘들게 고생하는지 모르겠다고 불평을 늘어놓자 그 친구는 내게 일침을 가했다. 결국 그 정도밖에 안 되는 그릇이었냐며, 그렇게 힘들지 예상 못하고 자신 있게 월 스트리트에 도전했느냐며, 매일 풀 죽어 있을 바에 차라리 짐 싸서 한국으로 돌아와 무료하지만 편안한 삶을 사는 게 현명한 선택일 거라며 매몰차게 말하고 친구는 전화를 끊어버렸다.

그 친구의 말이 맞았다. 뉴욕까지 온 이상 마냥 힘들어할 수는 없었다. 월 스트리트는 절대 만만한 곳이 아니지만 나 역시 만만한 사람이 아님을 증명하고 싶었다. 나를 뽑은 이들도 그 정도의 시련은 견뎌낼 수 있을 거라 판단했기에 부르지 않았겠는가.

가장 우선으로 할 일은 취재원 확보였다. 좋은 취재원이 있어야 좋은 기사가 나오는 건 그 어디를 가도 통하는 기본이고, 내가 그간 기자 일을 잘할 수 있었던 원동력이었다. 하지만 평소 내성적이다 못해 물건값도 깎지 못하고, 모르는 사람에게 길조차 묻지 못하는 성격이라 몇 년간 기자를 했어도 가장 어려운 부분 중 하나가 무작정 전화를 걸어 취재를 요청하는 콜드 콜이었다.

월 스트리트 취재원들은 대개 증권 트레이더나 펀드매니저, 애널리스트, 투자은행 간부라 자신의 이름을 언론에 알려야 하는 애널리스트 외에는 기자와 접촉을 꺼렸다. 처음 무작정 전화했을 때는 찬바람이 쌩쌩 느껴질 정도로 연락하지 말라고 차갑게 대꾸하거나, 홍보실을 통해 연락하라거나, 심지어 그냥 끊는 경우도 다반사였다. 꼭 그들과의 일이 아니어도 몸과 마음이 힘들 때였기에 그런 상황에 처하면 마음이 착잡해졌다. 자주 겪는 일이니 익숙해질 만도 한데 아무리 일의 일부라고 생각해도 종종 상처를 받았다.

월 스트리트의 주식시장과 함께 생소한 옵션 시장까지 담당해야 하니 취재원 확보가 시급했다. 어느 분야든 마찬가지겠지만 옵션 시장처럼 전문화된 분야는 취재원을 만들기가 더 어렵다. 예컨대 트레이더들은 그들만의 꽉 닫힌 세계가 있어 그에 동화되어 취재원을 만들기가 여간 어려운 일이 아니다. 물론 서로 신뢰가 쌓이면 이곳 사람들도 좋은 취재원과 기자 관계를 형성하지만 그들이 보기에 나는 아무 도움이 되지 않는, 불쑥 월 스트리트에 나타난 풋내기 동양 여기자에 불과했다.

기자와 취재원은 가깝다면 가까운 사이지만 그렇다고 마냥 가까울 수는 없는 조금 미묘한 관계다. 때로 악어와 악어새의 관계에 비유되기도 한다. 기자는 '인간이기 이전에 기자'라는 특유의 기자 정신과, 특종을 위해서라면 누구든 곤경에 빠뜨리기를 서슴지 않는 특성 때문에 진심으로 인간관계를 이어나가기 어려운 것 같다. 그러다 보니 일로 만난 사람 중 개인적으로 꾸준히 연락을 주고받는 경우는 흔치 않다.

가장 기억에 남는 취재원은 한국에서 에너지산업 분야의 뉴스를 담당할 때 만난 석유 업계 사람이다. 그 취재원과는 나이대와 관심사가 비슷해 함께 공연을 보러 가거나 밥을 먹고 수다를 떨면서 가까워졌다. 오랜 외국 생활로 한국에 친구가 별로 없던 내게 그는 좋은 친구가 되어주었다.

당시 내가 담당하던 회사 가운데 한 곳이 한국석유공사였는데, 갑자기 유가가 배럴당 100달러로 치솟고 한화 가치가 곤두박질치던 때라 에너지 관련 뉴스는 국외뿐 아니라 국내에서도 주목받고 있었다. 그때 우연히 한 석유 트레이더로부터 특급 정보를 얻었다. 국가가 에너지 수급 위기에 빠졌을 때 사용하기 위해 준비해둔 비축유를 정부가 국내 정유사들에게 구매하라고 제안했다는 것이었다. 세계 금융 위기가 악화되는 상황에 그 방법을 이용하면 원유 구매를 위한 달러를 지출하지 않아도 되기 때문에 일시적으로 경상수지 적자 폭을 줄일 수 있는 걸 노린 것이다.

한국석유공사는 1970년대의 2차례 석유파동 이후 석유 자원의 안정적인 공급을 위해 설립된 국영기업이다. 그런데 비상사태에 대비해 준비해둔 석유를 단지 일시적인 경상수지 개선을 위해 국내 정유사들에게 팔겠다니. 에너지산업 분야의 기자를 하며, 기름 한 방울 안 나는 대한민국에서 에너지 수급에 문제가 생겼을 때 닥칠 위기를 알고 있었기에 나로서는 정말 어처구니가 없었다.

민감한 사안인 만큼 보도에 신중해야 했다. 한 트레이더의 구두 발언만으로 기사화하기에는 팩트가 부족했다. 우선 로이터 서울 지국장에게 상황을 설명하니, 최소 3명 이상의 취재원이 같은 이야기를 하면 그때 다시 생각해보자고 했다. 나는 곧바로 모든 취재망을 동원해 3명 이상의 정유 업계 관련 종사자에게 컨펌을 받았다. 그런데 막상 기사를 쓰려니 뭔가 찜찜했다. 아무리 외신 기자라 해도 나도 한국인인데, 국내라면 모를까 그런 내용의 기사를 국외로 송고하려니 기분이 착잡했다. 한편으로는 특종을 놓쳐도 좋으니 그 내용이 사실이 아니길 바라는 마음도 있었다.

그때 친하게 지내던 그 취재원에게 연락이 왔다. 그 문제로 고민하던 내게, 그런 '눈 가리고 아웅'식 방편은 국민과 외국 투자자를 기만하는 것이고 추후에 사실이 밝혀지면 더 큰 망신이라며 나보다 흥분하던 그였다.

그는 한국석유공사 측에서 각 정유사에 비축유 판매를 제안한 내용이 담긴 문서를 팩스로 보내주겠다고 했다. 회사 동기를 통해 타 부서 부장의 책상에 놓여 있던 문서 사본을 건네받은 것이다. 어떤 것보다 확실한 증거가 될 문서였다.

순간 걱정이 앞섰다. 나로 인해 괜히 곤란한 일을 겪게 되는 건 아닌지 노심초사하자 오히려 그가 용기를 북돋아주었다. "괜찮아요. 특종도 좋고 단독도 좋지만, 이런 기사야말로 정말 문 기자님이 기자를 하고 있는 진짜 이유가 아닌가요?"

결국 나는 그 문서를 전달받아 지국장과 싱가포르 에너지 뉴스 팀장 및 서울에 있는 선임 기자와 함께 기사의 방향과 내용을 정하고 늦은 저녁에 기사를 송고했다. 예상대로 기사가 나가자마자 정부 기관, 업계 사람들, 타 언론사로부터 확인 전화가 쉴 새 없이 걸려왔다. 다짜고짜 '대체 어디서 이런 문건을 구했느냐, 조사하면 다 나오니까 얼른 말해라'라고 협박하는 전화도 있었고 '너도 한국인일 텐데 이런 기사 써서 뭐가 좋으냐'고 비난하는 사람도 있었다.

한국인으로서 양심의 가책을 느끼지 않은 건 아니었다. 나라고 마음이 편했겠는가. 하지만 진짜 큰일이 일어나기 전에 누군가 써야 할 기사였다고 생각한다. 그때를 떠올리면 나를 믿고, 내 능력을 믿고, 내 기사를 믿어준 그 취재원에게 고마울 따름이다.

뉴욕에 온 뒤, 그 취재원에게서 안부 전화가 걸려온 적이 있다. 마침 전날 얼음장처럼 차가운 월 스트리터들을 만나고 온 터라 그들에 대한 불만을 마구 털어놓으니 그 취재원은 이렇게 말했다. "문 기자님이야말로 별 노력을 안 하는 것 같은데요?" 생각해보니 그의 말이 맞았다. 창피하지만 한국에서 기자를 하면 어디에서든 '대접'을 받았기에, 어느새 나는 먼저 자신을 낮추고 상대에게 다가

가는 데 어색해 있었다. 아무 노력 없이 뻣뻣하게 월 스트리터들을 대했으니 처음부터 누가 좋다고 했겠는가. 여기는 나의 홈그라운드가 아닌 그들의 홈그라운드가 아닌가.

나는 초심으로 돌아가 자세를 낮추기로 했다. 그리고 나의 무식함을 당당히 인정하기로 했다. 월 스트리트에서 얕은 지식으로 기사를 썼다가는 단번에 들통 나기 때문에 모르는 건 그렇다고 인정하는 게 오히려 그들에게 다가가기 수월했다. 잘 모르는 주식 용어나 전문 분야를 접했을 때 대충 넘어가거나 짐작해서 기사를 쓰지 않고, 해당 분야에 대해 아직 익숙하지 않으니 쉽게 설명해달라고 솔직히 부탁했다. 당신의 할머니에게 이야기하듯 그렇게 알려달라고 말이다.

6개월쯤 지나, 한 취재원이 웃으며 이렇게 말했다. "처음 왔을 때부터 지금껏 매일 할머니로 살았으니 지금쯤 증조할머니가 되어 있어야 하는 거 아닌가? 늘 노력하는 모습이 보기 좋아요." 노력을 인정해주니 반은 성공이었지만 그간 힘든 걸 생각하면 마냥 웃을 수 없었다.

우리나라 말 가운데 영어로 직역할 수 없는 유일한 단어가 情이라고 하는데, 월 스트리트를 담당하면서 정이 그리운 적이 많았다. 빈틈을 주지 않고 늘 사무적으로 대하는 이곳 사람들에게 점점 지치고 마음이 시렸다.

지금은 어느 정도 자리가 잡혀, 내 의견이나 정보를 물어보기 위해 먼저 연락을 취하는 월 스트리트의 취재원들이 있다. 이제는 나 역시 취재원들을 통해 월 스트리트 기자로서 무엇을 어떻게 대처해야 할지, 무엇을 어떻게 담아내야 할지 판단하는 능력을 조금 키운 듯하다.

그렇지만 아직 갈 길이 멀다. 내 기사를 위해 부장 책상까지 샅샅이 뒤질 그런 취재원은 여기서는 상상도 못할 일이다. 1년 남짓 월 스트리트를 커버한 내 현재 위치로서는 말이다. 그 정도로 나를 믿어주고, 능력을 인정해주는 사람이 아직은 없다.

이곳 사람들에게 능력을 검증받고 신뢰를 쌓기 위해서 지금 할 수 있는 최선은 남보다 배로 뛰고, 그 누구보다 열심히 하려는 의지를 증명하는 것이라고 생각한다. 그래서 나는 오늘도 월 스트리트의 할머니가 되어 이곳의 높은 벽을 무너뜨리기 위해 분투한다.

내가 사는 세상

타임스퀘어에서 지하철로 약 15분을 가면 뉴욕증권거래소가 나온다. 거리는 멀지 않지만 맨해튼 중심부와 월 스트리트는 각기 딴 세상처럼 분위기가 사뭇 다르다. 타임스퀘어는 청바지와 운동화 차림에 카메라를 든 사람들로 북적이는데, 월 스트리트에는 한여름에도 와이셔츠에 넥타이를 맨 정장 차림의 무표정한 사람들이 가득하다. 그들은 전철 안에서도 신문을 읽거나 스마트폰으로 업무를 보기 바쁘고, 길을 걸을 때도 절대 스마트폰에서 눈을 떼지 않는다. 그리고 전부 같은 역에서 내려 증권거래소로 향한다.

뉴욕증권거래소는 외관에서부터 위엄이 느껴진다. 9·11 테러 이후 테러 대상 1위로 손꼽히는 이곳을 지키기 위해 전방 100미터에서부터 완전무장한 SWAT 팀이 사방을 경계하고, 주변에는 펜스가 쳐 있다. 그리고 앞쪽 벽에는 미국의 힘을 보여주듯 커다란 성조기가 장엄하게 걸려 있다. 9·11 테러 전에는 관광객들에게 내부가 공개되었지만 지금은 기자조차 삼엄한 경비를 거쳐야 들어갈 수 있다.

현재 월 스트리트는 금융 행정구를 의미할 뿐 어떤 기업이 '월 스트리트 회사'로 불리기 위해 이곳에 사무실을 두어야 하는 건 아니다. 하지만 여전히 많은 회사가 월 스트리트라는 명칭에서 나오는 위엄과 위상을 좇아 이 좁은 골목에 작은 사무실이라도 두고 싶어 한다.

월 스트리트를 더 중요하고 빛나게 하는 건 뉴욕연방준비은행이다. 미국 금융시장의 중요한 감독 기관인 이 은행의 지하 금고에는 무려 630억 달러어치의 금이 보관되어 있다. 이 은행으로 오늘날 뉴욕은 연방준비은행 업무 시스템의 행정구역을 구성하는 미국의 유일한 주가 되었다.

내가 뉴욕증권거래소에 가는 이유는 일보다는 취재원을 직접 만나고 그들과 식사를 하기 위해서다. 사실상 객장에 나가는 건 별 의미가 없다. 트레이더들이 객장에 나와 있긴 하지만 대부분 전자 시스템으로 바뀌었기 때문에, 차라리 큰 스크린이 3개나 붙은 내 사무실 책상에 앉아 단말기를 통해 주식 매도, 매수 물량을 보고 기사를 쓰는 편이 낫다. 그렇지만 최첨단 시스템으로 무장하고 세계경제를 움직이는 월 스트리트 사람들도 얼굴을 맞대고 악수하고 대화를 나누는 아날로그적인 소통 방식을 선호하기 때문에 현장에 나가는 일이 중요하다.

누군가를 찾아가고, 대화하기 위해 '발품' 파는 게 기자의 자세라지만 정작 이곳 사람들을 만나면 잡담만 하고 돌아오는 경우가 많다. 주로 어느 회사 CEO가 모델이랑 사귄다더라, 누가 어디서 해고를 당했는데 알고 보니 다른 회사로 옮겼다더라 하는 가십이나 주말에 있었던 자녀의 축구 경기에 대해 1시간 넘게 말하거나 여름에 몰디브 섬으로 놀러가고 싶다는 등의 이야기를 한다.

불행인지 다행인지 이런 이야기를 한국처럼 새벽까지 술을 마시면서 하지는 않는다. 대부분 월 스트리터들은 해피아워*를 이용해 술을 마시고, 저녁 식사는 집에서 가족과 함께 하는 걸 원칙으로 삼고 있다.

일을 시작하고 처음 3개월간은 이 해피아워를 100퍼센트 활용해 사람들을 만나는 수밖에 없었다. 아직 바이라인이 잘 알려지지 않은 기자에게 할애되는 시간은 이때가 전부였다. 해피아워 때의 만남이 이루어지는 주 장소는 율리시스Ulysses라는 바이다. 월 스트리트의 성공과 시련을 함께 견뎠다고 할 정도로 오랜 전통이 있는 이곳은 해피아워를 즐기기 위해 모여든 증권맨들로 늘 북적거린다. 월 스트리트 사람이라면 누구나 율리시스에 간다는 말이 있을 정도다. 타사 기자들도 이런 자유로운 분위기에서 특종이 나온다는 걸 알고 율리시스에 몰려든다. 나 역시 매주 이곳을 찾아 취재원들을 만났다. 한때는 너무 자주 들러서 바텐더가 '혹시 주식 중개인이냐'고 묻기도 하고, 맨해튼에서 맛있기로 소문난 이곳의 터키 버거는 너무 많이 먹어 질릴 정도였다.

이곳에서는 현재 잘나가는 사람들 외에 한때 잘나가던 옛 월 스트리터들도 만날 수 있는데 그들 중 한 명의 이야기가 참 인상적이었다.

---

*Happy hour | 주식시장이 마감한 오후 4시부터 7시까지 맥주나 와인을 싼 가격에 마실 수 있는 시간.

30대 초반에 MBA를 마치고 월 스트리트의 한 투자은행에 입사한 그는 보너스만 몇 억씩 받는 잘나가는 뱅커였다. 하지만 그가 다니던 회사 역시 미국의 유명 투자은행들이 줄줄이 파산하던 2008년의 금융 위기를 넘기지 못했다. 그는 다른 회사로부터 스카우트를 받았지만 결국 월 스트리트를 떠났다. 자신이 전 세계 최악의 금융 위기를 몰고온 데 한몫했다는 사실도 괴로웠지만 그보다 동료들의 모습을 보고 월 스트리트에 정이 떨어졌다고 했다. 억대 연봉을 받던 그들이 회사 파산 소식에 슬퍼하거나 우울해하기는커녕 남은 사무용품을 챙기기 바쁘고 심지어 스낵 자판기에 있는 초콜릿 하나까지 더 가져가려는 모습에 더는 월 스트리트에 남고 싶지 않았다고 했다. 일에 대한, 회사에 대한 아무런 예의 없이 돈만을 위해 일해온 자신이 싫어졌다고.

학생 시절, 월 스트리터가 되려는 그에게 한 교수가 이런 말을 했다고 한다. "정직함과 친구하는 것만으로는 부족하다. 정직함과 결혼해라." 고객에게 정직하고 보스에게 정직하고 그 누구보다 자신에게 정직하라고 말이다. 그는 그 말대로 정직하게 살리라 다짐했지만 어느 순간 그것을 잊고, 정직이 뭔지도 잊어버렸다고 했다.

결국 그는 월 스트리트를 떠났고, 자신이 진정 하고 싶은 일을 찾다가 평소 취미로 즐기던 요리를 택했다. 미래에 자신이 어떤 쉐프가 되어 있을지 아직은 잘 모르지만 현재는 가족에게 맛있는 음식을 먹이는 일이 무척 행복하다고 했다. 솔직한 음식을 통해서 자신에게 솔직하고 가족에게도 솔직해질 수 있다고.

"세상의 무수히 많은 변수 중 나는 결코 이기고 지는 것밖에 몰랐다. 결국 본질적인 바닥은 이기고 지는 것. 이기면 좋은 것이고, 싫으면 못 견디는 곳이 바로 이곳이다. 중간 없이 단순히 두 가지의 감정만 가지고 살아가는 게 버겁지만 어찌하겠는가. 그것이 우리가 살아가는 '월 스트리트'라는 세상이고, 매섭고 바짝 말라버린 이 감정에 충실해야 하는 게 우리의 일인걸."

월 스트리트에 갓 입문한 나에게 그가 해준 말이다. 그는 참 멋진 사람이었다. 현실에, 월 스트리트라는 세상에 쫓기며 메말라가던 자신을 다시 인간처럼 살게 했으니 말이다.

비록 나는 돈을 만지는 일을 하지는 않지만 이곳을 취재하며 세계경제를 움직이는 월 스트리트의 상어들과 함께 하고 있다. 그들과 나는 하는 일도 꿈도 다르지만 누구든 이곳의 메마르고 거만한 분위기에 물들기는 생각보다 쉬운 것 같다. 언제까지 월 스트리트를 취재할지는 알 수 없지만, 나는 그런 분위기에 물들지 않고 정직함과 결혼했다는 생각으로 늘 솔직하고 떳떳한 기사를 쓰고 싶다.

폭설도 피해가는 월 스트리트

"지난 주말 미국 동부 지역을 강타한 기록적인 폭설로 워싱턴 DC의 연방 기관들이 휴무에 들어갔습니다." 검은 정장을 입은 폭스 뉴스의 앵커는, 폭설로 인한 비상 상황을 신속히 복구하고 정상적인 업무 재개를 위해 워싱턴 DC 연방 정부 기관들이 그날 하루 문을 닫기로 결정했다며 뉴욕 전 지역의 학교 및 유엔 본부도 휴무에 들어간다고 말했다. 맨해튼에도 많은 양의 눈이 내렸다고 하니 '혹시 증권거래소가 문을 닫지는 않을까.' 하는 희망 혹은 간절한 소망이 스쳐갔다.

"하지만 뉴욕증권거래소 및 나스닥 등 금융기관은 정상 업무에 들어간다고 합니다. 역시 폭설도 피해가는 월 스트리트입니다."

정부도 문을 닫고, 유엔도 문을 닫고, 학교도 문을 닫는데 대체 왜 증권가는 문을 닫지 않는 걸까. 마지못해 출근 준비를 하고 집을 나서는데 생각보다 매서운 추위는 아니었지만 눈, 코, 입으로 달려드는 거센 눈발로 고개를 들 수 없을 정도였다.

회사에 도착하니 월 스트리트 팀과 사회부 기자들만 출근해 있었다. 자리에 앉자마자 친한 트레이더들에게 전화를 돌렸다. 그날따라 그들이 더 친근하게 느껴졌다. 어차피 우리는 이런 눈보라 아니 폭설주의보에도 일하는 몇 안 되는 직업군이 아닌가.

"피터, 오늘 잘 출근했어요?" 하루에 거의 10번 이상 통화하는 모 사모펀드의 시니어 애널리스트에게 전화를 걸어 물었다. "출근은 무슨. 나 어제 월 스트리트 근처 호텔에서 잤어. 오늘도 그래야 할 것 같고." "네? 어제 집에 안 들어갔어요?" "못 들어갔지. 나처럼 집이 뉴저지인 사람들은 대부분 회사에서 잡아주는 호텔에서 자거나 친구네 신세를 졌지." "오늘 다른 정부 기관은 다 쉰다던데 여기만 너무 심한 거 아니에요?" "이 정도 날씨에 문을 닫아? 하하, 아직 월 스트리트 기자 덜했군!"

200년 뉴욕증권거래소 역사상 날씨 때문에 문을 닫은 날은 고작 열흘 정도다. 그중 한 번은 1888년 3월로 기록되어 있는 'The Great Blizzard of 1888'로, 미국 역사상 최악의 폭설 중 하나로 꼽힌다. 약 40~50인치의 눈이 뉴저지·뉴욕·매사추세츠·코네티컷 주의 모든 교통수단을 마비시키고, 사람들은 일주일가량 집에 갇혔다고 기록되어 있다. 또 한번은 42명의 목숨을 앗아간 1969년 2월의 대폭설 때다. 그리고 최근 20년은 날씨로 인해 휴업한 적이 없다.

하기야 하루 휴무로 미 연방 정부의 손실액이 1억 달러 정도라는데 뉴욕증권거래소는 오죽하겠는가. 그러고 보면 전 세계의 금융 심장인 월 스트리트가 쉽게 문을 닫을 수는 없는 노릇이다.

그날 미 기상청은 워싱턴과 뉴욕 등 북동부 지역에 최고 30

센티미터에 이르는 큰 눈이 내렸다고 발표했다. 이로 인해 뉴욕과 코네티컷 주를 운행하는 기차의 승객이 평소보다 21퍼센트 줄었다고 하는데, 뉴욕증권거래소의 주식거래 물량은 줄지 않은 걸 보면 월 스트리트의 킬러라고 불리는 이곳의 증권맨들은 맨해튼에서 무사히 하룻밤을 보내고 정상적으로 출근한 모양이다. 실제로 JP모건은 폭설 다음 날의 원활한 트레이딩을 위해 회사에 간이침대를 마련해 직원들에게 숙식을 제공하고, NYSE와 나스닥은 미리 주요 인사를 월 스트리트의 호텔에 묵게 했다.

월 스트리트 사람들은 정말 열심히 일한다. 특히 오전 7시부터 주식시장이 마감하는 오후 4시까지는 점심을 책상에서 먹을 정도로 근무 강도가 세다. 화장실 가는 시간조차 아까워할 정도로 '돈 버는' 일을 좋아하는 사람들이다 보니 폭설 따위는 문제 되지 않는다. 때문에 월 스트리트를 커버하는 나 같은 기자도 그들과 똑같은 강도로 일해야 하고, 아무리 비바람이 불고 눈보라가 쳐도 휴무는 상상할 수 없다.

작년 겨울, 한국에서 휴가를 보내고 뉴욕으로 돌아가는 날 갑작스런 날씨 속보 문자를 받았다. 서울에 내린 전무후무한 폭설로 교통이 마비되고, 김포공항은 9년 만에 전면 운항을 중단하고 인천공항도 일부 운항에 차질이 있다는 것이었다. 그때는 정말이지 뉴욕으로 가는 배편이라도 알아보고 싶은 심정이었다.

내가 속한 월 스트리트 팀은 총 7명의 기자로 구성되어 있는

데 점심도 각자 다른 시간에 먹어야 할 정도로 24시간 주식시장을 모니터하느라 다른 팀에 비해 휴가를 제대로 못 낸다. 하지만 팀원들이 집이 바다 건너인 나를 배려한 덕분에 편하게 2주나 자리를 비우고 한국에 갈 수 있었다. 그런데 복귀 첫날부터 결근이라니. 아무리 폭설로 인해 항공편이 결항될지라도 절대 결근만은 할 수 없었다.

새벽부터 잠을 설치며 기상예보를 계속 확인하다가 다행히 뉴욕행 비행기는 예정대로 출발한다는 소식에 가족들과 제대로 인사도 하지 못하고 비행 6시간 전에 공항으로 출발했다. 제시간에 도착하지 못한 다른 승객들 때문에 출발이 2시간 지연되었지만 새벽 2시쯤 뉴욕에 도착할 수 있었다. 잠도 못 자고 대충 짐만 정리한 뒤 곧장 회사로 출근해 결근은 면했지만, 불가항력적인 요소조차 허용되지 않는 월 스트리트에서 지내야 할 앞날을 생각하니 눈앞이 깜깜했다.

나와 친한 트레이더 한 명은 1년 내내 평일, 주말 할 것 없이 저녁 9시에 잠자리에 든다고 한다. 그래야 매일 새벽 4시에 일어나는 페이스를 유지할 수 있다는 것이다. 월 스트리트는 세상에 그 어떤 일이 일어나든 멈추지 않고 돌아가기에 그 페이스에 자신을 맞춘다는 것이다. 이런 월 스트리터를 보면 나는 아직도 갈 길이 멀다는 생각이 든다. 날씨가 좀 추워졌다고 벌써부터 새벽에 출근하기 힘들어지는 걸 보면 말이다.

월 스트리트의 성공 신화

월 스트리트에서는 유대인의 힘이 막강하다. 재계에서 이들의 존재감과 영향력은 익히 알려져 있지만 막상 부딪쳐 보니 왜 그들이 월 스트리트의 성공 신화인지 확실히 알 수 있었다.

월 스트리트에는 오래전부터 떠도는 일종의 격언이 몇 개 있다. 어느 순간부터 전설처럼 내려오는 이 격언으로 때로 호재가 있어도 주식시장이 하락하고 반대로 경제지표가 좋지 않아도 장이 오르는 경우가 있다. 그중 유명한 하나는 'Sell on Rosh Hashana and buy on Yom Kippour, 로시 하샤나에 팔고 욤 키푸르에 사라'이다.

로시 하샤나는 유대인의 명절로 주로 늦은 9월이나 이른 10월에 있다. 로시 하샤나부터 10일 동안을 히브리어로 '야밈 노라임 Yamim Noraim'이라고 하는데 이는 속죄 기간이다. 마지막 10일째인 욤 키푸르는 대속죄일로 유대인에게 있어 1년 중 가장 엄숙하고 거룩한 날이다. 이날은 출근하지 않고 종일 집에서 기도와 금식을 한다.

그 어떤 폭설과 재난에도 꿈쩍하지 않는 뉴욕증권거래소가 욤 키푸르에는 주식거래량이 눈에 띄게 줄어든다. 금융계의 큰손, 월 스트리트의 큰손인 뉴욕에 거주하는 유대인들이 이날만은 철저히 지키기 때문이다.

또, 12월 21일부터 8일간 진행되는 유대인의 명절인 하누카 Hanukkah 때는 월 스트리트에 '메리 크리스마스'보다 '해피 하누카'라는 인사가 더 많이 들린다.

뉴욕에 온 지 얼마 되지 않았을 때, 한 증권사 애널리스트로부터 그 아들의 생일파티에 초대받은 적이 있다. 무슨 아들 생일파티까지 초대하는지 좀 의아했지만 결혼 청첩장 같은 격식 있는 초대장을 받으니 어쩔 수 없이 참석해야 했다.

알고 보니 바르 미츠바 Bar Mitzvah 라는 일종의 성년식 파티였다. 유대인 남자아이나 여자아이의 13번째 생일은 성인이 된다는 의미의 큰 행사였던 것이다. 영화 《나 홀로 집에》로 유명해진 뉴욕 맨해튼의 플라자호텔 그랜드볼룸을 빌려 약 500명의 가족, 친구를 초대해 여는 거대한 파티였다. 결혼식보다 더 휘황찬란한 꽃 장식과 테이블 장식, 금방이라도 떨어질 것 같은 큰 샹들리에, 5코스의 음식, 와인, 샴페인 등 깜짝 놀랄 만한 규모였다. 미국 폭스 텔레비전의 신인 가수 공개 선발 프로그램인 《아메리칸 아이돌》의 출연자가 축하 가수로 참석했고, 초대된 손님들은 아카데미 시상식 못지않은 드레스와 턱시도 의상을 입고 있었다.

그날 초대된 사람 중 동양인은 나 혼자인 듯했다. 자리에 앉아 여기저기 신기하게 쳐다보고 있는데 옆에 앉은 부부는 이건 그다지 호화로운 파티가 아니라고 말했다. 예전에 영국의 한 유대인 재벌은 주말 동안 프랑스 지중해 연안에서 아들의 성년식을 열었는데 그때 쓴 돈만 740만 달러, 한화로 약 75억 원이라고 했다. 전 세계에서 참석하는 하객을 위해 전세기도 동원했다고 한다.

호화로운 파티만큼 생일선물 또한 범상치 않았다. 나는 나름 값비싼 게임기를 준비했는데, 친척이나 부모의 친한 친구들은 자그마치 5,000~10,000달러의 수표를 선물했다. 내가 준비한 선물은 그에 비하면 그야말로 껌값이었다. 캐나다에서 고등학교를 다닐 때 몇몇 부잣집 유대인 친구가 16세 생일에 자동차를 선물받는 걸 종종 보긴 했지만 13세의 꼬마를 위한 그 정도의 파티는 차원이 다른 일이었다. 약 500명의 하객이 초청되었으니 그들 중 절반이라도 저만한 돈을 선물한다면 이 아이는 13세 생일에 작은 기업을 차릴 정도의 자금을 마련하는 게 아닌가.

실제로 그날 모인 어마어마한 돈은 부모가 보관하고 있다가 자녀가 사회생활을 시작하는 20대 초반에 지급한다고 한다. 아무리 뛰어난 능력을 가지고 있어도 20대 초반에 자기 힘으로 그 정도 돈을 모으기는 불가능할 것이다. 아마 이런 배경 또한 유대인이 특히 금융업계에서 두각을 나타내는 이유 중 하나인 듯하다.

미국 인구 중 유대인의 비중은 약 2퍼센트이지만 이들이 벌어들이는 돈은 국민소득의 15퍼센트나 된다. 미국 30대 기업 중 12곳의 설립자가 유대인이고 한국 사람에게도 친숙한 GE, 시티그룹, IBM, GM, 골드만삭스 등이 그 목록에 속해 있다. 미국의 유명 언론사인 뉴욕타임스와 월 스트리트 저널도 유대인이 설립했고, 미국의 재벌가 록펠러도 유대인이다. 미국의 최상위 부자 40명 가운데 빌 게이츠와 조지 소로스를 포함한 22명이 유대인 계열이고, 나폴레옹 시대부터 지금까지 유럽 금융계를 지배하는 로스차일드 가문도 마찬가지다.

전 세계적으로는 0.2퍼센트밖에 되지 않는 이들의 성공 비결은 무엇일까. 세계대전을 겪으며 온갖 박해와 인종 말살의 위협을 당했던 이들이 세계경제를 움직이는 월 스트리트를 쥐락펴락하고 있다는 사실이 놀라웠다.

외국에서 학교를 다닐 때, 공부 잘하는 친구들은 대부분 한국인이거나 유대인이었다. 초등학교 1학년 때 반에서 구구단을 외울 줄 아는 학생은 나와 카렌이라는 유대인 아이뿐이었다. 7살도 안 된 아이들이 구구단을 줄줄 외우자 오히려 담임 선생님이 당황해하며 집에 가정 통신문을 보내 수학은 계산기를 주로 이용하니 무리해서 아이들을 고생시키지 말아달라고 당부했다. 실제로 유대인 가정과 한국 가정은 흡사한 점이 많다. 아버지 말은 곧 법이라는 가부장적인 가족 형태뿐 아니라 높은 교육열, 친척과의 잦은 교류 등 여러 가지가 비슷하다.

그런데 자라면서 유대인 학생들에게는 몇 가지 특출한 점이 발견된다. 그중 첫째는, 말하기를 두려워하지 않는 것이다. 유대인 부모들은 아무리 바빠도 자녀와 대화하고 토론하는 시간을 가진다. 자신의 생각을 말하고, 효율적으로 전달하는 방법을 알려주기 위함이다. 그래서 전통적으로 유대인은 만장일치를 좋아하지 않는다고 한다. 탈무드의 게마라Gemara에서 볼 수 있듯 다양한 의견이 나오는 걸 당연하게 생각하고, 만장일치가 되지 않아야 여러 사람의 의견을 듣고 공유할 수 있으며, 이런 과정을 통해 좀 더 나은 해결책이 도출된다고 생각한다.

    동료인 한 유대인 기자는 5살과 6살 된 자녀를 두고 있는데, 토요일마다 '토론 저녁' 시간을 가진다고 한다. 매주 한 가지 주제를 정해 저녁을 먹으며 토론하는 방식으로 각각 5가지 이상의 의견을 가지고 와야 한다. 한번은 아이들이 주제를 정했는데 '아빠가 아이들과 자주 놀아줘야 하는 이유'였다고 한다. 작은아들은 아빠는 일을 해서 돈을 벌어야 하지만 인생이 돈만으로 채워지는 건 아니고, 돈을 버는 목적도 결국 행복하기 위해서이니 좀 더 가족과 시간을 보내야 한다고 주장했다. 아빠가 어떻게 시간을 낼 수 있을지 질문하자, 큰아들은 아빠가 친구들과 매주 금요일 포커하는 시간을 활용하자고 했다. 그 시간에 자신들과 공원을 가길 원하지만 아빠가 친구들과 함께 하는 시간 또한 중요하기에 그들도 함께 공원을 가면 좋겠다고 말했다. 아빠가 포커 시간을 아예 없앨 수 없다고 말하자 아이들은 그 의견을 수렴했고, 그는 한 달에 2번은 아이들과 공원에 가고 2번은 친구들과 포커를 하기로 절충했다고 한다.

    무언가를 두려움 없이 말할 수 있는 게 얼마나 어려운 일인지 사회생활을 하다 보면 절실히 느낄 수 있다. 눈치를 보면서, 이 말을 함으로써 나에게 생길 수 있는 일을 100가지 이상 생각하느라 말할 기회를 놓치는 때가 많다. 나도 마찬가지이지만 한국 사람에게 흔히 보이는 '좋은 게 좋은 거'라는 생각은 유대인에게는 찾아보기 힘들다. 좋은 게 좋은 게 아닐 때가 많고, 그럴 때는 자신의 생각을 믿고 당당히 말할 수 있는 것이 그들의 가장 큰 장점 중 하나다.

둘째는 학식이다. 유대인은 학식을 제일 높은 이상으로 여긴다. 물론 미국인 사이에서는 돈을 밝히는 민족이라고 조롱받기도 하지만 전통적으로 유대인의 이상은 부자나 왕이 되는 게 아니라 학식이 높은 학자가 되는 것이라고 한다.

훌륭한 교육을 신이 내린 가장 중요한 계명이라고 생각하고 심지어 학자를 초대한 적이 없는 식탁은 신의 축복을 받을 수 없다는 유대인의 격언도 있다. 교육열에서는 둘째가라면 서러운 한국인과 얼핏 닮아 보이지만, 공부를 잘해서 부자가 되거나 판검사가 되거나 의사가 되길 바라는 게 아니라 무언가를 배우는 그 자체, 즉 '앎'을 중요시한다. 좋은 대학을 가는 게 목표가 아니라 지식을 쌓으면서 성장하고 지식을 습득하며 즐거움을 느낀다. 그동안 역경의 세월을 지내오면서, 살아 있는 사람에게 유일하게 빼앗을 수 없는 게 지식이라는 걸 절실히 느낀 민족이기 때문인 것 같다.

셋째는 자신의 존재를 잊지 않는 것이다. 금융시장의 여러 가지 시세는 '유대 네트워크'라는 전 세계 유대인 조직망을 통해 거래되고 결정되는 경우가 많다. 유대인은 세계 어디에 살든지 자신의 유대인다움, 유대인의 전통과 문화 및 명절을 철저히 지킨다. 미국에 살고 있어도 미국인이기 전에 유대인이고 그런 자신의 뿌리를 자랑스럽게 생각한다. 외국에 특히 미국에 살다보면, 중학교까지 버젓이 한국에서 다니고 이민을 왔으면서도 한국말을 제대로 하지 못하고 한국 음식을 먹지 않고 자신을 미국인이라고 생각하는 사람을 종종 볼 수 있다. 학교를 다닐 때도 그랬고 지금 일을 하면서도 그런 코리안-아메리칸을 자주 본다. 물론 미국으로 이민 와서 미국 시민권을 취득했으니 서류상 미국인이 맞지만 왜 굳이 뿌리가 한국에 있음을 부정하고 없애려는지 이해되지 않는다.

나는 외국에서 많이 자랐지만 집에서는 한국말을 쓰라고 엄격하게 교육한 부모님의 영향인지 한국은 늘 동경의 대상이었다. 어릴 때, 학교에는 안 가도 토요일에 열리는 한글학교는 꼭 가야 해서 남들 주 5일 가는 학교를 주 6일 가야 하는 게 정말 싫었지만 결국 구사할 수 있는 언어와 이해할 수 있는 문화가 하나 늘었다.

아버지의 일 때문에 3년마다 나라를 옮겨다니면서 한때는 국제 미아 같다는 생각을 했었다. 마치 철새 떼 대열에 합류하지 못하고 혼자 뒤처져 날고 있는 기러기 같았다. 어느 한 곳도 내 나라 같지 않고, 적응할 만하면 다른 곳으로 이사하면서 지속적으로 연락이 닿는 친구도 없었다. 하지만 점점 클수록 내 뿌리는 결국 한국이라는 것을 깨닫게 되었다.

요즘 같은 글로벌 시대에 어느 한 곳에 얽매이라고 말하고 싶지는 않다. 전 세계를 홈그라운드처럼 누비라고 하고 싶다. 하지만 누구든 자신의 뿌리가 있고, 특히 외국에서 그 뿌리가 든든한 힘이 됨을 잊지 않았으면 좋겠다. 한국 사람이라면 스트레스받을 때 김치와 고추장 넣은 비빔밥을 찾게 되는 것이다.

나는 아직 결혼을 하지 않았고 부모가 되어보지도 않았지만 전 세계를 통틀어 한국 부모의 자식에 대한 사랑과 희생만큼 헌신적이고 강렬한 힘은 보지 못했다. 그 어느 나라의 부모와도 비교할 수 없다. 유대인 부모는 아무리 정성껏 자식을 키워도 성인이 되면 독립시키고 자신의 인생을 살지만 한국 부모는 칠순, 팔순이 되어도 자나 깨나 자식 걱정이다. 자녀의 유학길에 따라가 곁에서 보살피는 엄마나 그들에게 매달 생활비를 보내기 위해 홀로 떨어져 열심히 일하는 기러기 아빠나 이런 부모는 세계 어디에도 없다.

가끔 미국 사람들은 왜 그렇게 아이의 교육에 목숨을 거냐며 부모도 자신의 인생이 있는데 노후에 크루즈 여행도 떠나고, 가지고 싶었던 스포츠카도 타며 즐겨야 하는 게 아니냐고 한다. 아직 부모가 되어보지 않아 자식에 대한 그 무한한 애정이 어디에서 나오는지 잘 모르겠지만 사랑의 크기가 말로 표현할 수 없을 정도로 크다는 건 알고 있다.

언젠가는 월 스트리트에 '삼일절에 팔고 현충일 혹은 광복절에 사라'는 말이 나올 때가 있지 않을까. 감히 기대해본다.

주가 폭락의 범인은 살찐 손가락?

월 스트리트를 취재하면서 가장 끔찍했던 순간은 2010년 5월에 있었던 Flash Crash다. 다우지수가 거의 1,000포인트 가까이 떨어지고 다시 반등하는 데 30분도 걸리지 않은 그 짧은 시간에 등골이 오싹해지는 경험을 했다.

문제의 발단은 2010년 5월 6일, 오후 2시 15분경에 시작되었다. 그날 나는 2주 연속 계속된 야근에 지쳐 있었는데 그 모습이 안쓰러웠는지 팀장은 조금 일찍 퇴근하고 쉬라고 배려를 해주었다. 오랜만에 얻은 '자유 시간'을 어떻게 만끽할지 행복한 고민을 하던 차에 일이 터졌다. 다우와 S&P 500 지수가 갑자기 2퍼센트 넘게 빠진 것이다. 급히 헤드라인Headline 또는 스냅Snap이라고 하는 한 줄짜리 속보를 보내놓고 '이것만 쓰고 빨리 가야지.' 하는데 아무래도 뭔가 낌새가 이상했다.

사실 그날은 오전부터 그리스 신용 경색에 대한 불안감으로 다른 때보다 주가 변동성이 조금 높았다. 뉴욕증권거래소 객장에 나가 있는 트레이더들에게 물으니 오후 2시쯤부터 통화 시장이 심상치 않은 움직임을 보였고, 금값이 계속 치솟았다고 했다. 통화 시장과 금값의 갑작스런 움직임은 주식시장이 불안하다는 첫 징조였다. 그럼에도 나는 일찍 퇴근할 생각에 애써 아무 일도 없을 거라고 스스로를 안심시킨 것이다.

한 줄짜리 속보를 보내고 고작 4분 만에 다우지수가 다시 3퍼센트 빠졌다. 그리고 15분쯤 뒤인 2시 41분부터 흔히 말하는 '폭락'이 시작되었다. 나의 패닉과 함께 말이다. "기자 2명 이상 안젤라 뒤에 가서 지원해줘!" 다급한 목소리로 데스크가 지시했다.

지난 6년간의 기자 생활 중 가장 떨리는 순간이었다. 기자 생활을 하면서 별사건을 다 겪었다고 생각했는데 그런 경험은 또 처음이었다. 수습기자 시절에는 변심한 옛 애인에게 칼을 맞아 죽은 용산 호프집 여주인 부검 현장도 봤고, 국회에 출입할 때는 할아버지뻘의 국회의원이 성추행 혐의로 계란 세례를 받는 장면도 목격했다. 태안 원유 유출 사고 때는 자신의 속옷까지 가지고 나와 기름때 묻은 조약돌을 닦는 할머니도 보았다. 가슴 철렁하고 마음 아프고 놀랄 만한 일을 수없이 봐왔다고 생각했는데, 그날은 정말 심장 마비 수준으로 아찔했다.

월 스트리트를 취재하면서 얻은 버릇 중에 하나는 패닉 상태를 막기 위해 웬만한 일에는 '별일 아니야.' '시시한 일인걸.' 하고 자기최면을 거는 것이다. 시장이 요동칠 때마다 침착하기 위해 만든 버릇인데 그날만은 통하지 않았다. 그저 잠시 내렸다가 용수철처럼 올라가는 스냅백 랠리 Snapback Rally라고 굳게 믿고 싶었지만 그러기에는 너무 빠른 속도로 떨어지고 있었다.

"정신 차리자, 정신 차리자." 나도 모르게 중얼거렸다. 고작 30분 만에 수많은 기업의 주식이 반 토막 나거나 바닥으로 추락했다. 정말 주식시장이 미쳤다고밖에 달리 표현할 말이 없었다.

내 손끝에서 나오는 기사 한 줄, 한 줄이 전 세계에 헤드라인이 되는 순간이었다. 다른 부서의 사람들이 월 스트리트 팀을 향해 도대체 무슨 일이냐고 소리치기 시작했고, 그런 혼잡함 속에 나는 침착하게 기사를 보내야 했다. 1초만 늦게 보내거나 오보를 내는 순간 로이터의 위상을 떨어뜨리는 것은 물론이고, 내 기사를 보고 거래하는 전 세계 트레이더들과 그들의 고객에게 수십 억의 손해를 입힐 수 있었다. 단 한 순간이라도 정신을 놓으면 그야말로 역적으로 몰릴 판이었다. 내 손끝의 힘이 무섭게 느껴졌다. 통신사 기자임이, 세계 최대의 경제 통신사에서 일하고 있다는 사실이 어깨에 큰 짐이 되어 내려앉았다.

2시 44분. 다우, S&P 500, 나스닥 지수 모두 5퍼센트 이상 빠지고 특히 S&P 지수의 연간 수익은 이미 바닥난 상태였다.

2시 46분, 모든 지수가 8퍼센트 이상 빠졌다.

2시 47분, 다우지수가 9퍼센트 이상 또는 1,000포인트 이상 빠지면서 정신적 지지대인 10,000선이 붕괴되었다. 순식간에 휴지 조각으로 변한 종목이 나타나기 시작했다. Accenture라는 기업의 주가는 41달러에서 순식간에 1센트로 떨어졌다. 그야말로 휴지 조각이 되었다.

이쯤 되니 얼마나 키보드를 세게 두드렸는지 손이 미세하게 떨리고 있었다. "What the hell! 제기랄, 이게 무슨 일이야" 27개의 한 줄 속보를 보내고, 12번째 기사 업데이트를 하고 있는데 뒤에서 지원해주던 기자가 크게 소리쳤다. 2시 48분, 갑자기 장이 급반등하기 시작한 것이다. 9퍼센트 이상 빠졌던 다우지수가 마이너스 6퍼센트대로 돌아섰다. 나는 다시 헤드라인을 보내기 시작했다. 이번에는 '떨어지다'가 아니라 '회복하다'로.

2시 54분, 모든 지수가 마이너스 4퍼센트대로 올라섰다. 3시 9분, 마이너스 2퍼센트대로 회복하고 결국 그 레벨에서 그날의 주식시장이 마감되었다.

이상할 만큼 시간이 천천히 흐르는 기분에 고통스러웠던 순간이 있던가. 그날이 꼭 그랬다. 왜 꼭 주식시장을 4시에 마감해야 하는지, 좀 더 빨리 마감할 수는 없는지 애가 탔다. 언제 어떻게 바뀔지 모르는 주식시장을 주시하며 졸아드는 마음을 부여잡고 꼬박 자리를 지켜야 했다.

도대체 무슨 일이 있었던 걸까? 훗날 블록버스터급 영화로 나올 법한 그날의 사건은 트레이더들조차 무슨 일이 일어났는지 모르겠다고 했다. 완전한 공황 상태였다. 증권거래소의 한 베테랑 트레이더는 자기가 월 스트리트에 몸담은 40년간 그런 일은 처음이라며 마치 악마의 손에 놀아난 것 같다고 했다. 나는 마치 아찔한 놀이 기구를 타고 내린 듯 힘이 쫙 빠져 있었다. 실제로 그날의 폭락은 미국 주식시장 사상 아니 전 세계 주식시장 사상 처음 있는 일이었다.

아무리 증권시장의 등락은 그 누구도 정확히 예측할 수 없다지만 고작 30분 사이에 다우지수가 1,000포인트 빠지고 다시 10분 안에 650포인트를 회복하는 일은 '신의 장난'이라고밖에 볼 수 없을 정도로 말이 안 되는 것이었다.

주가 폭락의 원인으로 제일 먼저 떠오른 건 살찐 손가락이었다. 이는 컴퓨터상에서의 실수로 인한 입력 오류를 지칭하는 용어다. 컴퓨터 자판보다 굵은 손가락 탓에 실수를 일으키게 된다는 우스갯소리에서 비롯되었다. 하지만 이런 농담 같은 실수가 어마어마한 손실액을 낳는다. 실제로 몇 년 전, 일본 미즈호 증권의 한 직원이 '61만 엔으로 1주 매도' 주문을 '1엔으로 61만 주 매도'로 입력하는 실수로 인해 4백억 엔, 약 4천2백억 원의 손실을 낸 적이 있다.

객장에 나가 있는 트레이더들은 이번 역시 누군가가 숫자를 잘못 입력해 예상보다 훨씬 많은 양의 주식을 매도했을 거라고 추측했다. 그럼 도대체 누구 손가락이 그다지 굵은 것일까. 이 또한 여러 가지 설이 난무했다. 처음에는 시티은행의 한 주식 중개인이 P&G 주식을 거래하면서 million의 'm'을 billion의 'b'로 잘못 입력했다는 믿기 어려운 이야기가 나돌았다. 하지만 의혹만 난무할 뿐 그에 대한 명쾌한 해답은 나오지 않았다. 후에는 S&P 500 지수와 연계된 선물 상품인 E-Mini 거래에서 한 트레이더가 매도 주문을 내면서 1,600만 달러를 160억 달러로 잘못 설정했다는 설이 등장했다. 나는 그날의 실수를 저지른 범인을 알아내라는 지시를 받고 일주일간 시카고 상품거래소와 상업거래소로 출장을 갔지만 그곳 역시 추측 보도와 설만 난무할 뿐 정답은 없었다.

정확한 진상은 2010년 10월에 이르러서야 밝혀졌다. 그날의 폭락은 Waddell & Reed라는 한 뮤추얼 펀드 회사의 컴퓨터 자동 주문에서 시작되었다. 이 회사는 일명 알고리즘 트레이딩이라고 불리는 자동전자거래시스템을 이용해 S&P 500 지수를 기초로 하는 선물인 E-Mini 매도 주문을 냈는데 그 금액이 41억 달러에 달했다. 그 정도 규모는 보통 4~5시간이 걸려 체결되는데 그날은 불과 20분 만에 모든 계약이 이루어졌다. 가격이나 시간은 보지 않고 오로지 거래량만으로 주문을 내는 자동 트레이딩 시스템이 계약이 늘어남에 따라 점점 많은 물량을 내놓으면서 순식간에 가격 하락을 부추겼다. 몇몇 트레이더들이 수동 트레이딩 시스템으로 바꿔 물량을 잡아보려고 했지만 이미 사태가 심각해진 뒤라 주식시장은 순식간에 폭락했다. 결국 사람이 만들어낸 전자 시스템에 사람이 당한 것이다. 월 스트리터들은 이런 끔찍한 일이 언제든 다시 일어날 수 있다고 말한다. 현재 이런 급락을 방지할 만한 프로그램이 없기 때문이다.

한때 월 스트리트는 참 사람 냄새나는 곳이었다고 한다. 물론 그때도 자신의 이익만 위하는 사람들로 가득했지만, 그래도 객장 안에서 직접 소리치고 자신의 매도나 매매를 직접 종이에 써서 던지는 수동적인 거래를 했다. 하지만 지금은 마치 로봇이 모든 걸

점령해 인간이 말살당하는 한 편의 영화 같다.

트레이더들은 5월 6일의 악몽을 떠올리며, 자신들이 할 수 있는 게 아무것도 없었던 그 30분간 정말 공포스러웠다고 회고한다. 결국 그날의 폭락은, 한 경제 평론가의 말처럼 느림보 인간이 초고속 컴퓨터를 이용해 신에게 돌려야 할 마지막 이득까지 챙기려는 욕심을 부린 데 따른 인과응보가 아니었을까.

마녀는 있어도 골드미스는 없다

　세상이 바뀌었다 해도 초경쟁 사회를 상징하는 월 스트리트는 남성 중심의 문화가 지배적인 '마초적' 영역이다. 특히 뉴욕증권거래소 객장에 나와 있는 여성 트레이더들은 손에 꼽을 정도로 수가 적다. 미국의 한 금융 역사가가 월 스트리트가 전쟁터만큼 여성과 어울리지 않는 곳이라고 했다는데, 매일 아침 9시 30분 특히 오픈 10~20분 전 객장의 모습은 총성만 들리지 않을 뿐 한마디로 전쟁터다. 트레이더들은 소리를 지르며 뛰어다니고 서로 부딪치고 그 와중에 클라이언트한테 들어오는 주문지를 작성한다. 또, 오프닝 벨을 찍기 위해 몰려든 언론사 카메라 플래시로 사방이 분주하다. 좋게 포장하면 에너지 넘치는 곳이지만 결국 누군가 돈을 잃어야 누군가 돈을 딸 수 있는 이곳은 전쟁터나 다름없다.

　미국 최초의 여성 증권 브로커는 뉴욕증권거래소가 설립된 지 78년 만인 1870년에 탄생했다. 당시 거부였던 코넬리어스 반더빌트라는 투자자가 남자보다 더 강하고 당당한 빅토리아 우드헐에게 증권사를 차려주면서 그녀는 첫 여성 브로커가 되었다. 우드헐의 고객은 그녀를 구경하러 온 사람이 대부분일 정도로 월 스트리트에서 여자가 일하는 자체가 당시로서는 파격적인 일이었다. 하지만 아무리 실력이 좋아도 여자는 증권거래소의 정식 직원이 될 수 없어 그녀는 남자 직원을 거래소 안으로 들여보내 그를 통해 증권 매매를 중개했다.

여자가 뉴욕증권거래소에 정식 회원으로 처음 등록한 때는 거래소 설립 175년 만인 1967년이다. 당시 35세의 뮤리엘 시버트가 44만 달러를 주고 회원권을 가지면서 첫 여성 회원이 되었다. 많은 남자 회원들이 그녀를 인정할 수 없다고 고집을 부렸지만 시대의 흐름을 거스를 수는 없는 일이었다. 그러고 보면 나 같은 여자가 그녀에게 꼭 고마워해야 할 것이 있다. 바로 여자 화장실. 그때만 해도 거래소 객장에는 남자 화장실밖에 없었다고 한다.

얼마 전, 미국 금융 박물관이 주최한 '월 스트리트에서 활약한 여성들'이라는 전시회를 취재한 적이 있다. 그곳에 참석한 월 스트리트를 쥐락펴락하는 '파워 우먼'들은 예상외로 그다지 강해 보이지는 않았지만 꽤 비싸 보이는 가방과 구두를 보고 연봉을 짐작할 수 있었다. 그녀들 중에 가장 돋보이는 한 명은 2009년 월 스트리트 파워 우먼 1위에 선정된 하이디 밀러였다. 그녀는 금융 그룹 JP모건의 국채 및 증권 부문 책임자로, 2006년부터 4년 연속 월 스트리트 최고 여성으로 선정되었다. 그녀는 미국 최초의 여성 증권 브로커인 우드헐과 참 많이 닮아 있었다. 외관상으로 우드헐처럼 강인한 인상은 아니었지만 세계의 내로라하는 두뇌의 승부사들이 몰려드는 이 치열한 경쟁에서 여자로서 겪어야 했을 고된 세월의 흔적이 느껴졌다.

남성 중심적인 월 스트리트에서는 예전부터 이런 큰손 여자들을 '마녀'라고 불렀다. 미국 역사상 최초의 여자 큰손이라고 일컬어지는 사람은 가치 투자의 귀재였던 헤티 그린이다. 월 스트리트 남자들은 그녀를 이름 대신 '월 스트리트의 마녀'라고 불렀다. 그런 면에서 현대판 월 스트리트의 마녀는 블라이드 마스터스가 아닐까 싶다. JP모건의 부사장급인 그녀는 신용 디폴트 스와프Credit Default Swap, CDS 개발을 주도한 장본인이다. CDS란 채권자가 빌려준 돈에 대한 일종의 보험인데 서브프라임 모기지 부실을 금융 위기로 비화시킨 핵심 장치로 여겨지고 있다. 그래서 사람들은 CDS를 '대량 파괴 무기'라 부르기도 하고, 그 덕에 그녀는 악명의 대명사가 되었다.

금융 위기 직전인 2006년만 해도 월 스트리트의 주요 금융회사 부사장급 중 약 10퍼센트 이상이 여자였다. 하지만 신용 경색이 시작된 2007년 8월 이후 약 2년 3개월간 월 스트리트에서 해고된 10명 중 7명이 여자였을 정도로 급속도로 실업률이 증가했다. 같은 기간 일자리를 잃은 사람 10명 가운데 7명이 남성이었던 미국 전체의 흐름과 정반대되는 현상이었다.

지금도 유독 CEO 자리에 여자가 없는 것만 봐도 이곳이 얼마나 남성 중심적인 사회인지 알 수 있다. 여자는 CEO가 되어 기업을 이끌기보다는 각 지원 부서의 책임자인 CFO 자리가 어울린다는 생각이 지배적이다. 미국의 한 성차별 변호사는 이런 현상에 대해, 가정에서 여자가 가계부를 쓰며 남편이 벌어다주는 돈을 관리하는 역할이 그대로 투영된 자리가 바로 CFO라고 했다.

이러한 열악한 환경에서 남자들과 경쟁해야 하는 월 스트리트 여자들은 분명 기가 세고, 무서운 인상에, 찔러도 피 한 방울 나오지 않을 것 같은 냉혹한 이미지가 고정적이었다. 당연히 결혼도 하지 않고 아이도 없고 싱글의 천국이라는 뉴욕을 한껏 즐길 거라고 생각했다. 일주일에 80시간 이상 일하지만 그만큼 어마어마한 연봉을 받고, 어떻게 보면 치열하고 멋지게 사는 골드미스 중에도 골드골드미스일 거라고. 하지만 그런 내 예상은 완전히 비껴갔다. 평생을 싱글로 멋지게 살아갈 것 같던 월 스트리트 여자들은 결혼을 하고 가정이 있는 경우가 많았고 아이가 두세 명 있는 사람도 다수였다. 이들은 골드미스가 아닌 슈퍼맘, 슈퍼우먼이었다.

얼마 전, 연간 수백만 달러 이상의 수익을 올리는 '빅 프로듀서'라 불리는 투자은행의 특급 세일즈 우먼과 월 스트리트에 있는 한 일식집에서 밥을 먹은 적이 있다. 그녀는 돈을 벌어들이기 전까지는 그야말로 투명인간 취급을 당하는 월 스트리트에서 한 단계씩 꾸준히 성공을 일궈낸 사람이었다.

함께 주식 이야기를 하다가 갑자기 그녀가 내게 결혼을 했는지 물었다. 워낙 프라이버시를 존중하는 문화라 자신의 질문이 실례가 될 수 있다고 생각했는지 무척 조심스러운 태도였다. 일부러 크게 웃으며 아직 미혼이라고 답하니 그녀는 뉴욕은 언제나 사랑에 빠질 수 있는 도시라며 얼른 좋은 사람을 만나 결혼하라고 조언했다. 실제로 그녀는 한창 금융 위기를 겪고 있을 때 결혼을 했고 그 다음 해에 아이를 낳았다. 직장에서의 입지가 가장 흔들릴 그때 왜 결혼을 했는지 이유를 묻자 '이것저것 걱정하면 결국 못하는 게 결혼'이라고 답했다.

난 궁금했다. 어떻게 연애, 결혼, 육아까지 하면서 빅 프로듀서가 될 수 있을까? 그녀는 내게 삶의 밸런스에 대해 말해주었다. 밸런스는 일도, 가정도, 자녀도 잘 돌보는 가운데 오는 거라고 말했다. 그러려면 하루 24시간을 48시간처럼 써야 하기에 그만큼 스트레스를 받고 가끔 정신과 상담비가 들기도 하지만 일만큼 사랑과 결혼 그리고 자녀를 기르는 것 또한 삶에서 빼놓을 수 없다고. 인생에는 여러 가지 다양한 맛의 행복이 있는데 그중 하나에만 익숙해지면 결국 밸런스가 깨지게 된다고 말했다.

단순한 우연인지 모르겠지만, 내가 아는 이들 중 뉴욕증권거래소 객장에 나와 있는 몇 안 되는 여성 트레이더들도 전부 결혼을 했다. 이들은 모두 킬러라고 불릴 정도로 실력이 뛰어나다. 그중 한 명은 나와 나이대가 비슷해 일 외에도 밖에서 자주 만나곤 하는데, 그녀는 2006년에 결혼해 자녀가 둘 있다. 한번은 그녀에게 대체 언제 시간이 나서 결혼을 하고 아이도 낳았느냐고 물으니 그런 생각은 그저 핑계일 뿐이라고 말했다. "그거 아니? 너나 나나, 이렇게 월 스트리트에서 일하는 사람들은 메인 스트리트 사람들보다 평균적으로 빨리 죽는대. 난 그렇게 빨리 늙지 않으려고 남편과 두 딸을 택했지."

그녀 역시 삶의 밸런스에 대해 이야기했다. 긴 업무 시간과 스트레스와 압박감을 견디게 하는 유일한 낙이 가족이고, 남편과 딸들이 있어 일에 더 열정적일 수 있다고 했다.

그 이야기를 듣고 나는 오히려 가장 찬란한 시기에 너무 일에 몰두하지 않았나 하는 생각이 들었다. 그렇게 사는 게 내 방식이라 생각했고, 일을 잘할 수 있는 유일한 방법이라 여겼다. 결혼을 하고 아이를 낳으면 나의 정체성과 지금껏 일궈놓은 일이 무너질 거라는 두려움이 있었다. 하지만 이미 그 고민을 거쳐 행복을 찾은 그녀들의 말처럼 삶에는 밸런스가 있는 것 같다. 결국 사람은 다른 사람을 통해 채워진다. 사랑을 통해 가정을 통해 삶에 더 몰두할 수 있게 되고, 일상과 현실에서 쉽게 흔들리지 않는 평정심을 가지게 되는 것이다. 여자의 삶에서 일의 성공과 가정의 행복이 얼마든지 양립할 수 있다는 걸 보여준 그녀들을 통해 왜 월 스트리트에 마녀는 있어도 골드미스는 없는지 확실히 알았다.

공짜 술이 없다?

폭락하는 주식시장, 치솟는 실업률, 대공황. 매일 이런 단어로 기사를 쓰는 경제부 기자들, 특히 월 스트리트 담당 기자가 글로벌 경기 침체를 몸소 느낄 때는 언제일까? 월 스트리트의 잘나가던 증권 중개인들이 짐을 싸서 떠날 때? 친하게 지내던 취재원이 갑자기 전화를 받지 않고 잠적할 때? 아니다. 바로 공짜 술이 없어진 파티에서다.

뉴욕경제기자단협회는 매년 11월에 뉴욕의 경제부 기자들을 위한 파티를 연다. 파이낸셜 폴리스라는 이 전통적인 파티는 1942년에 시작되었다. 기업이나 홍보 회사에서 약 3,500달러를 내고 10여 명이 앉을 수 있는 테이블을 구입해 기자들을 초청해서 함께 저녁 식사를 하며 공연을 보고, 수익금은 뉴욕경제기자단협회 이름으로 기부한다. 장소는 전통적으로 타임스퀘어 한복판에 있는 메리어트호텔 그랜드볼룸에서 이루어진다. 기자와 금융계 큰손, 기업인 등 1,000여 명이 모이는 이 파티는 그 규모와 화려함 때문에 '경제 미디어의 최상 이벤트'로 불린다.

이 파티에 참석하는 건 뉴욕에서 일하는 경제부 기자들에게 나름 자부심 같은 것이다. 그간 어디로 튈지 모르는 주식시장과 대공황으로 이어질 것 같았던 경기 침체를 취재하느라 수고했다는 자축의 의미이자 내로라하는 금융계의 큰손을 취재원으로 만날 수 있는 중요한 기회이기 때문이다. 회사에서는 이 파티에 입고 갈 턱시도나 드레스를 사입으라고 지원비까지 나온다.

나의 첫 파이낸셜 폴리스는 뉴욕에 온 지 3개월이 채 안 되었을 때였다. 한국에서 가져간 드레스가 있었지만 예전 파티 사진을 보니 모두 시상식을 방불케 하는 의상을 차려입고 있어 회사에서 나온 지원비보다 조금 더 비싼 드레스를 구매해버렸다. 나도 이제 뉴욕에서 가장 중요한 뉴스를 다루는 사람 중 하나라는 자부심도 충동구매에 한몫을 했다.

파이낸셜 폴리스 당일, 고등학교 졸업 파티에 가는 아이처럼 들떠 오랜만에 머리를 만지고 드레스를 차려입고 집을 나섰다. 나를 초대한 회사는 뉴욕의 옵션거래소였는데, 나이대가 비슷해 유독 친해진 홍보실장이 호텔 앞에 마중 나와 있었다.

"경기 침체가 아직도 풀리지 않은 걸 오늘 실감했어요." 그녀가 나를 보자마자 말했다. "네?" "올해도 공짜 술이 없거든요. 예전에는 상상도 못할 일인데."

1942년에 파티가 처음 개최된 이래 한 번도 빠지지 않던 오픈바가 경기 침체로 작년부터 없어졌다는 것이었다. 오픈바는 파티의 메인 공연이 시작되기 전에 무료로 가볍게 칵테일을 마시며 네트워킹을 할 수 있도록 마련된 것이다. 그런데 작년부터는 와인 한 잔이 11달러에 판매되고 있었다. 예전에는 25,000달러 정도를 스폰서

하는 회사가 있어 오픈바가 가능했지만 미국 투자은행들이 하나둘 파산 위기에 놓이면서 이제는 공짜 술을 스폰서할 회사가 없어졌다. 매일 경제 관련 기사를 쓰지만 이런 공짜 술의 부재야말로 경제부 기자들이 글로벌 경기 침체를 몸소 느낄 수 있는 계기였다. "아마 내년에도 공짜 술이 없으면 분명 우리는 글로벌 경기는 대공황 상태라고 쓰기 시작할걸?" 옆자리에 앉은 월 스트리트 저널의 베테랑 기자가 말했다.

경기 침체는 다른 해에 비해 작아진 파티의 규모에서도 느낄 수 있었다. 이날 파티 참석자 수는 9·11 테러 이후로 가장 적었다. 평균 120개가 넘게 팔리던 테이블도 현저히 줄어들어 약 100개만 스폰서를 받았다. 또, 전통적으로 메인 이벤트가 끝나면 스위트룸에서 애프터 파티가 열리는데 작년에는 10개 정도였던 파티가 올해는 고작 2~3개로 줄어들었다.

매일 월 스트리트를 상대로 기사를 써도 경기 침체가 그때만큼 절실히 와 닿은 적도 처음이었다. 동시에 월 스트리트의 거품이 점차 빠지고 있다는 생각도 들었다. 그동안 매해 보너스 잔치로 흥청망청 돈을 쓰던 월 스트리트가 이제 좀 정신을 차린 느낌이랄까.

타이거의 힘

2009년 뉴저지에서 개최된 PGA 투어 페덱스컵 플레이오프 1차전 바클 레이스 대회에서 타이거 우즈를 본 적이 있다. 그는 압도적인 카리스마를 가지고 있었다. 다른 유명한 선수들도 대회에 참가했지만 그곳에 모인 청중들은 오로지 타이거 우즈만 따라다녔다. 그가 왜 골프 황제로 불리는지 알 것 같았다.

한동안 월 스트리트 최고의 화제는 글로벌 경제 위기도 아니고, 지구온난화나 기후 변화 협약도 아니고, 오바마 대통령도 아니었다. 사람들은 모이면 늘 타이거 우즈에 대해 이야기했다. 돈을 가장 잘 버는 운동선수, 훈남, 성공한 흑인, 예쁜 와이프의 남편이자 토끼 같은 자식의 아버지. 그가 벌어들이는 광고 수입은 그 어느 연예인이나 스포츠 선수보다 많았다. 은퇴할 쯤에는 마이클 조던도 달성하지 못한 최초의 억만장자 스포츠 선수가 될 추세였다. 이렇게 잘나가던 그에게 걸린 브레이크는 그냥 넘기기에는 너무 재미있는 이야깃거리였다. 한국에서도 증권가에 도는 뉴스가 대개 가십거리의 근원이듯 월 스트리트 또한 가십을 참 좋아한다. 게다가 타이거 우즈는 증시와도 밀접한 연관이 있으니 더할 나위 없는 재밋거리였다.

스포츠 선수가 기업의 얼굴로 많이 나서는 요즘 이들이 주가에 미치는 영향은 어쩌면 당연하지만 그중에서도 타이거 우즈의 힘은 실로 대단했다. 굵직한 블루칩인 P&G는 한동안 뉴욕 증시의 관심주로 떠올랐다. P&G 계열사인 질레트의 모델이 타이거 우즈였기 때문이다. 질레트는 우즈가 혼외정사 의혹 등으로 물의를 빚자 그가 출연한 모든 광고를 취소했다. 질레트의 결정은 우즈에 대한 부정적인 여론이 지속되며 호재로 작용했다.

우즈의 잇단 추문이 사실로 밝혀지면서 그를 후원하던 스폰서 기업들의 주가가 점차 하락하기 시작했다. 그로 인한 총 손실액이 무려 120억 달러, 한화로는 약 14조라는 연구 결과가 나오기도 했다. 우즈의 후원사였던 9개 주요 기업의 주식 시세를 분석한 결과 처음 스캔들이 터지고 약 13일간 이들의 주식은 평균 2.3퍼센트 떨어진 것으로 나타났다. 특히 게토레이와 나이키는 평균 주가가 4.3퍼센트 하락하며 60억 달러의 손실을 냈다.

더 이상의 손실을 막기 위해 기업들은 우즈가 출연한 광고를 하나둘 취소시켰다. 한때는 광고에 출연해달라고 애원하던 기업들이 한순간 돌아섰다. 6년 이상 우즈를 스폰서한 Accenture PLC는 단번에 그와의 계약을 종료했고, 경기 때마다 우즈가 차고 나온 명품 시계 브랜드 Tag Heuer는 우즈 대신 레오나르도 디카프리오로 모델을 교체했다. 이런 이유로 타이거 우즈는 스포츠 기자뿐 아니라 나 같은 경제 뉴스 기자도 유심히 지켜봐야 할 인물이었다.

2010년 초, 우즈는 미국 PGA 투어 본부가 있는 플로리다 주 폰트베드라비치에서 스캔들에 대한 첫 공식 기자회견을 열었다.

우즈 측은 참석 언론사를 엄격히 제한하고 기자회견 후 질문도 받지 않았다. 그때 회견장에 들어갈 수 있었던 언론사는 로이터 통신, AP, 블룸버그뿐이었다. 우리는 거의 테스크 포스 수준의 팀을 짜서 기자회견에 대비했다. 사회부, 스포츠부, 경제부 기자가 한 팀이 되었다. 한 명은 직접 기자회견 현장에서 기사를 쓰고, 나와 다른 월 스트리트 기자들은 그에 따라 움직이는 주식을 커버하고, 스포츠부 기자들은 기자회견에 관한 분석 기사를 쓰기로 했다. 솔직히 처음에는 그렇게까지 분주할 필요가 있는지 의아했다. 아무리 골프 황제라도 33살의 한 남자에게 그리 신경 쓸 필요가 있는지.

하지만 기자회견을 시청하는 월 스트리트의 자세는 가히 놀라웠다. 눈보라, 비바람에도 꿈쩍하지 않고 일하는 월 스트리트가 타이거 우즈의 기자회견을 보기 위해 하던 일을 멈추고 그의 발언에 주목했다. 나이키의 주가가 우즈의 기자회견이 시작함과 동시에 조금 빠졌지만 그 뒤로 주식시장은 쥐 죽은 듯 조용했다. 오바마 대통령의 대국민 담화 때도 텔레비전을 시청하지 않던 월 스트리터들의 시선을 타이거 우즈가 잡아끈 것이다. 화장실에 갈 시간조차 아까워할 정도로 초를 다투는 트레이더들도 우즈가 굳은 표정으로 국민 앞에 사과하며 당분간 재활원에 입원해 치료를 받겠다고 말하는 모습을 큰 스크린으로 지켜봤다.

나와 함께 기사를 준비하던 기자가 말했다. "기사 제목으로 이거 어때? Traders stop trading during Tiger's State of his Union. 타이거의 대국민 담화로 월 스트리트가 일을 중단하다"

일부 지인과 기자 앞에서 10분가량 성명서를 읽듯 회견을 진행한 우즈가 앞줄에 앉아 있던 어머니와 포옹하는 다소 계산된 모습을 보이자 그제야 트레이더들은 '쳇' 하는 표정으로 자신들의 일상으로 돌아갔고 주식시장은 다시 살아났다.

회견이 끝나고 반응을 취재하기 위해 객장으로 나가자 한 트레이더가 말했다. "우즈 같은 스타야 바람을 피워도 기자회견하고 재활원에 가지만 우리는 마누라한테 프라이팬으로 맞아 죽을걸."

한국이 뉴욕을 움직일 때

아침 8시 반, 선물 시장 시황 기사를 써서 편집을 위해 데스크에 보내놓고 숨을 돌리니 배가 꼬르륵거렸다. 다음 기사를 9시까지 보내야 하기에 시간적 여유가 많은 건 아니었지만 향 좋은 커피와 베이글 한 조각을 먹을 시간은 되기에 황급히 16층 카페테리아로 내려갔다.

통유리로 둘러싸인 구내식당은 회사에서 제일 좋아하는 공간이다. 나름 유명한 요리사들이 아침부터 점심까지 다양한 음식을 준비하고 신선한 샐러드바와 초콜릿, 치즈, 케이크가 준비된 디저트 바가 있다. 타임스퀘어가 한눈에 들어오는 창가에 앉아 커피와 베이글을 먹는 순간이 하루 중 가장 좋다.

띠리리리- 커피 잔에 입을 대려는 찰나 회사 휴대전화가 울렸다. 전화를 받으려는데 개인 휴대전화도 울렸다. 먼저 회사 전화를 받자 에디터가 소리쳤다. "지금 어디야? 한국 해군 초계함이 침몰했다는 뉴스가 올라왔는데 이게 무슨 뜻이야? 북한이 그런 거야?" 아니, 다짜고짜 물으면 내가 알 리 없지. 일단 올라가겠다고 말한 뒤 허겁지겁 일어서는데 개인 휴대전화가 다시 울렸다. 친한 트레이더였다. "한국이랑 북한이랑 전쟁 나는 건가요? 정확히 지금 어떤 상태예요?"

2010년 3월 26일, 천안함 침몰 소식이 뉴욕에 전해진 그날 아침에 일어난 일이다. 한국 시간으로 오후 9시 40분경, 로이터 서울발 기사로 한국 해군의 초계함 한 척이 원인 모를 폭발로 침몰 중이라는 기사가 올라왔다. 이때 뉴욕 시간은 오전 8시 40분, 뉴욕증권거래소 객장이 열리기 한 시간도 남지 않은 시각이었다.

자리에 앉자마자 팀장이 뛰어와 어떻게 된 거냐고 물었다. 급하게 인터넷으로 한국 뉴스를 찾아보자 시시각각 천안함 침몰 관련 기사가 올라오고 있었다. 선물 시장이 크게 반응하지는 않았지만 팀장은 사태가 얼마나 심각한지, 뉴욕 증시가 오픈하면 어느 정도 반응이 있을지 알고 싶어 했다. 부끄럽지만 솔직히 말해 처음 뉴스를 접할 때만 해도 천안함 사태가 그렇게 큰일이 될 줄은 몰랐다. 서해안과 백령도 부근에서의 북한의 도발은 자주 있어왔기에 이번 역시 사소한 돌발이라고 생각했다.

"월 스트리트 애널리스트들한테 지금 코멘트를 받고 있기는 한데 그래도 네가 제일 잘 알 것 같아서. 너희 나라잖아." 팀장은 별다른 뜻 없이 그렇게 이야기했지만 순간 '너희 나라'라는 말을 듣고 어깨에 무언가 툭 내려앉는 느낌이었다. 이곳에서 유일한 한국인이라는 게 이런 거구나.

월 스트리트에서는 정확하고 빨리 기사를 전달하기 위해 미리 있을 법한 시나리오에 대비하고 준비하는 게 필수다. 그 뉴스가 한국과 관련한 경우에 제일 먼저 시나리오를 예측할 사람은 바로 내가 되는 것이다. 내가 곧 '한국'이 되는 셈이다.

2009년 9월, 유엔 총회 참석을 위해 이명박 대통령이 미국에 왔을 때도 국제기구 담당이 아닌 내가 뉴욕 로이터 통신의 유일한 한국인이라는 이유만으로 유엔 총회 취재 팀에 합류했다. 각 나라 대통령의 호칭을 쉽게 표기하기 위해 '담당 기자의 대통령'으로 불렀는데 이명박 대통령도 내 필명인 안젤라의 대통령으로 불렸다.

데스크가 지시를 내렸다. 모든 기사를 다른 기자에게 넘기고 나는 천안함 사태와 관련한 뉴스에 주시하라고 했다. 일단 한국에 있는 아는 국방부 출입 기자에게 연락을 했다. 서울발 로이터 기사가 올라오고는 있지만 혹시나 더 빠른 뉴스를 얻을 수 있지 않을까 싶어 실시간으로 보고해달라고 부탁했다.

뉴욕 시간으로 오전 10시 30분경 북한 어뢰에 의한 공격을 배제할 수 없다는 정부 브리핑이 나오자 월 스트리트가 출렁거리기 시작했다. 그때까지만 해도 다우, S&P 500, 나스닥 지수가 상승세를 보이고 있었는데 천안함 침몰이라는 악재로 주가가 점차 내려갔고 오후에는 결국 장 흐름이 바뀌었다. 가장 민감하게 작용한 S&P 500 지수는 전날 대비 0.4퍼센트나 떨어진 채 마감되었다.

"주식시장이 맥을 잃은 건 북한 때문이야. 잠수함의 어뢰 공격에 북한이 배후에 있다는 이야기가 돌고 있잖아. 전쟁이 뭐 특별히 다르게 시작되는 줄 알아? 다 이렇게 되는 거야." JP모건의 한 애널리스트가 내게 말했다. 그는 내가 한국인인 줄 모르고 남한과 북한의 역사와 6·25까지 설명했다.

한국인으로서 참 가슴이 아팠다. 목숨을 잃은 46명의 어린 장병들을 생각하니 가슴이 아팠고, 세상에 남은 마지막 분단국가라는 사실이 새삼 와 닿아 더 아팠다.

그 일이 있은 후, 남한과 북한에 군사적 긴장이 고조되어 그 영향으로 투자 심리가 악화될 때마다 회사 내에서 나에게 질문 공세가 시작되었다. 전쟁이 나면 미국에 계속 살 건지, 한국에 있는 가족들은 어떤 상태인지, 심지어 전쟁이 나면 한국 축구 국가대표 팀의 월드컵 출전은 어떻게 되는지 묻는 사람도 있었다. 앞으로도 한국과 관련된 일에 대해 무수히 질문받을 것이다. 그때마다 내가 적절히 답할 수 있을지, 혹시 잘못된 대답을 하지는 않을지 걱정이다. 다만, 더는 천안함 사건 같은 애통한 일에 대해 질문받는 상황은 없길 바란다.

2010 월드컵

아침 7시, 회사에 출근해 자리에 앉지만 그 순간에는 선물 시장도 현물시장도 눈에 들어오지 않는다. 월 스트리트고 뭐고 다 필요 없는 그저 가슴 뜨거운 대한민국의 붉은 악마가 된다.

일을 하면서 가끔 최초의, 유일한 한국인이라는 사실이 뿌듯할 때도 있지만 외롭고 서글플 때가 더 많다. 특히 혼자 축구를 봐야 할 때. 스페인, 영국, 이탈리아 심지어 평소에는 찬밥 취급을 받는 미국 축구 팀까지 응원하기 위해 모여든 사람들이 삼삼오오 박수를 치며 경기를 보는데 한국을 응원하는 이는 오직 나뿐이다.

내가 왜 그날따라 빨간 티를 입고 출근했는지, 왜 가방 안에 붉은 악마 뿔을 챙겨왔는지, 한국 팀과 승부를 겨루는 상대편에게 페널티킥이나 프리킥이 주어지면 왜 양손을 모으고 혼자 발을 동동 구르는지 아무도 관심이 없다. 마음껏 목청 터지게 대한민국을 외치고 싶지만 소심한 손가락 박수로 대신한다.

뉴욕에 오기 전에는 그다지 월드컵에 열광하지 않았던 것 같다. 대학생이던 2002년에는 파이널 시험 공부를 하느라 첫 경기인 폴란드전은 보지 못했고, 미국전은 시험을 마치고 한국에 들어오는 비행기 안에서 스튜어디스의 중계로 결과를 들었다. 기자였던 2006년에는 시청 앞에 나가 취재하느라 제대로 경기를 즐기지 못했다.

월드컵 경기를 시청하는 우리 가족의 자세는 다양하다. 의외로 스포츠광인 언니는 각 나라 선수들과 전략을 분석하며 진지하게 경기를 시청하고, 나는 경기 시작 시간에 맞춰 미리 주문해놓은 치킨을 먹고, 아버지는 상대편이 우리 골대를 위협하거나 우리가 선전할 때 혈압이 오를 정도로 흥분하신다. 그러면 엄마는 조용히 아버지에게 다가가 옐로카드를 보이며 경고를 선언한다. 나는 그런 와중에도 경기에 심취하기보다는 치킨에 더 심취해 있다.

그런데 갑자기 축구에 대한 이 깊은 애정 아니 정확히 말해 들끓는 애국심이 대체 어디에서 나오는 건지, 한국 팀이 경기를 치르는 날은 제대로 일도 못하고 우리나라의 선전을 기원했다. 그날따라 캡틴 박지성 선수는 든든한 오빠 같고, 초롱이 이영표 선수는 삼촌 같고, 귀염둥이 기성룡 선수는 아들 같았다. 아마도 월 스트리트에 덩그러니 혼자라는 기분에 내 나라에 대한 애착이 점점 커지는 것 같다.

한국을 함께 응원하겠다던 친한 월 스트리터들도 미국 팀이 선전하자 나를 배신하고 자기네 경기를 본다. 아, 정말 누군가 나와 함께 '대한민국'을 크게 소리쳐줬으면 좋겠다.

체리콜라를 좋아하는 할아버지, 워런 버핏

2007년 10월 '투자의 귀재' 워런 버핏이 자신이 지분을 조금 가지고 있는 대구광역시의 '대구텍'이란 회사를 방문한 적이 있다. 회사 견학 이후 공동 기자회견이 예정되어 있었지만 데스크는 "의미 있는 단독 멘트 하나만 따와."라며 내게 동행 취재를 주문했다.

워런 버핏이 탑승한 비행기가 안개로 인해 30분 지연된다는 소식에, 이른 새벽부터 대구에 내려가 공항에서 대기하고 있던 나는 온갖 짜증을 내며 혼자 궁시렁거리고 있었다.

10시 30분쯤 입국장에 모습을 드러낸 버핏 회장은 뜻밖에도 자신의 짐을 직접 들고 걸어나왔다. 수행원이 8명이나 되는데도 짐을 찾는 일부터 모든 걸 그가 직접 했다. 버핏 회장은 자신을 환영하는 인파에게 다가가 일일이 사인을 해주고 고맙다고 인사를 건넸다. 세계 최고 갑부 중 하나인 그의 이런 '옆집 할아버지' 같은 행동에 수행원들은 잔뜩 긴장한 모습이었다.

버핏 회장과의 일대일 기회를 노리고 있었지만 근처에도 못 갈 정도로 경비가 삼엄하고, 미국에서부터 버핏 회장을 동행 취재하고 있던 CNBC의 견제가 심했다.

대구텍 공장 곳곳을 따라다니며 그를 관찰했다. 곱슬곱슬

한 백발에 갈색 안경테, 검소함을 증명하듯 팔꿈치가 살짝 해진 감색 양복을 입은 그의 모습은 전형적인 인상 좋은 할아버지였다. 그는 공장을 돌아보며 작은 수첩에 연필로 무언가를 꾸준히 적었다. 마치 신기한 박물관이나 유적지를 보러온 학생처럼 통역사에게 계속 질문하고, 고개를 끄덕이고 수첩에 메모를 했다. 버핏 회장이 뭔가 기록하기 위해 잠시 멈추면 그 뒤를 따르던 수행원과 경호원, 수많은 언론사 기자가 모두 멈춰 그를 기다렸다.

사실 그때까지도 버핏 회장의 위력을 잘 알지 못했다. 11세 때, 용돈으로 처음 주식을 사고 그 뒤로 세계경제를 쥐락펴락할 정도의 재력가가 되었다는 것만 알고 있었다. 하지만 기자회견이 시작되고 그의 영향력을 실감했다. 한국 주식이 전반적으로 저평가되어 있다는 그의 한마디에 외국인들이 대량 매집에 나서 종합주가지수가 급상승하는 등 즉각적인 반응이 나왔다. 현재 소유하고 있는 모 회사 주식을 아직 팔 생각이 없다는 말에는 그 회사는 물론이고 자회사 주식까지 상승세를 탔다.

그는 자신이 가진 대단한 영향력에 비해 무척이나 인간적이고 소탈했다. 한 기자가 지갑에 돈을 얼마 넣어 다니느냐고 묻자 그는 뒷주머니에서 지갑을 꺼내 돈을 세어보고 약 600달러라고 답했다. 북한에 투자할 생각이 없느냐는 질문에는 자유롭게 투자할 수 있는 날이 올 때까지 살아 있기라도 했으면 좋겠다는 유머 있는 대답으로 딱딱한 회견장 분위기를 부드럽게 만들었다. 또, 가장 좋아하는 음료는 체리콜라라며 직접 캔을 따서 콜라를 마셨다.

버핏 회장은 기자회견 중에도 수첩에 꼼꼼히 메모를 했다. 보통 PDA나 노트북을 사용하는데, 직접 연필로 글씨를 쓰는 그의 모습이 낯설면서도 무척 인상적이었다.

기자회견이 끝나고 회견장 문 앞으로 달려가 그가 나오기를 기다렸다. 잠시 후, 경호원들에게 둘러싸여 나오는 그를 향해 큰 소리로 "미스터 버핏!"하고 불렀다. 그가 '누가 나를 저렇게 크게 불러?' 하는 모습으로 돌아봤다. 내가 그를 향해 1분만 시간을 달라고 외치자 수행원이 내 앞을 가로막았다. 그런데 버핏 회장은 의외로 호기심을 보이며 내게 가까이 오라고 손짓했다. 기회다 싶어 그에게 다가가 질문을 퍼부었다. '다른 한국 회사 주식은 살 생각이 없느냐, 있다면 어느 회사인가.' '중국 증시를 전망해달라.' '원화의 전망은 어떠한가.' 등 기자회견 때 노코멘트했던 내용이었다.

버핏 회장은 잠시 기다리라며 수첩을 꺼내들고 내게 이름과 소속을 물었다. 명함을 건네받기보다 수첩에 적어두면 어디서 어떻게 만나 어떤 대화를 나눴는지 확실히 기억할 수 있다며 말이다. 그러면서 "자, 첫 번째 질문이 뭐였지요?" 하고 내 질문을 받아적을 준비를 했다. 그렇게 인터뷰를 마친 다음에는 내게 다시 이름을 묻고 자신이 수첩에 맞게 적었는지 확인했다.

월 스트리트를 취재하면서 워런 버핏의 회사인 버크셔 해서웨이Berkshire Hathaway Inc에 대한 기사를 종종 쓰는데 그때마다 내가 만났던 한 할아버지가 생각난다. 체리콜라를 좋아하고, 지갑에 600

달러를 넣어 다니던 77세의 귀여운 할아버지가.

대구에서 워런 버핏에게 참 감동했다. 나를 기억하겠다고 말해줘서가 아니라 그가 얼마나 자신의 삶을 사랑하는지 느꼈기 때문이다. 그와 같은 세계적인 부자가 자신이 만난 한 사람, 한 사람을 기억하기 위해 꼼꼼히 기록한다는 건 상상하지 못한 일이었다. 보통 그 정도의 재력가라면 '만나주는 것만으로 고마워해야지'라고 거만할 수 있는데 그는 사소한 만남도 무척 중요하게 생각했다. 그는 자신의 일상에 들어온 사람에 대한 예의를 갖추고 있었다.

세상을 기록하는 것이 결국 역사가 되고 온전한 내 것이 되는 게 아닐까? 사소한 것을 기록하는 습관이 바로 삶에 감사하고 삶을 즐기는 한 방법인 것 같다. 체리콜라를 좋아하는 77세의 귀여운 할아버지로부터 배운 교훈이다.

윤리적인 기자

로이터 통신에서는 매년 기자들을 위한 윤리 워크숍을 연다. 신참에서부터 고참, 데스크까지 모든 기자가 필수로 들어야 한다. 이 워크숍에서는 기자로서 지켜야 하는 윤리에 대해 배운다. 전반적인 내용은 매번 같은데 참가할 때마다 새로운 사실을 알게 되는 걸 보면 기자라는 직업이 때로 비윤리적인 행동을 할 수 있는 유혹이 많은 자리라는 걸 새삼 깨닫는다.

얼마 전, 로이터 통신 런던에 근무하던 한 기자가 해고되었다. 사유는 본인이 소유하고 있는 주식에 대한 기사를 썼다는 것이었다. 회사 측에서는 그간 그가 쓴 모든 기사에 '이 기자는 해당 주식을 보유하고 있는 것으로 밝혀졌습니다'라는 공지를 내보냈다. 그의 기사에 기자의 주관적인 견해가 있거나 팩트가 틀린 부분은 전혀 없었지만 회사 측의 입장은 달랐다. 아무리 객관성을 유지했더라도 조금이라도 본인의 득과 실이 달린 상황에서 기사를 썼다는 자체가 윤리적이지 못하다는 것이다.

기자가 어떤 회사의 주식을 보유하려면 일단 매니저에게 보고하는 게 로이터의 방침이다. 그래서 만약 이익 충돌이 생길 경우 그 기자를 다른 비트로 보내거나, 그 기사를 다른 기자에게 맡긴다. 로이터는 경제 뉴스를 주로 다루기 때문에 그 어느 회사보다 이 같은 문제에 단호한 것 같다. 몇백 년간 쌓아온 투명 언론의 이미지와 신뢰도가 이곳 사람들에게는 그 무엇보다 중요하기 때문이다. 월스트리트 담당 기자는 하루에도 수십 개의 주식 관련 기사를 쓰기 때문에 우리 팀은 아예 전원이 그 어느 회사의 주식도 가지고 있지 않다. 차라리 그게 속이 편하기 때문이다.

사실 한국에서나 여기서나 기자는 직업의 특성상 남들이 누리지 못하는 특권을 가질 때가 있다. 쉬운 예로 어떤 회사에 대한 인수 합병이나 실적에 대한 정보를 미리 듣거나, 경제지표의 방향을 미리 알 수 있다. 또 기자 간담회에서 식사를 대접받거나, 연말연시에 선물을 받거나, 구하기 힘든 공연 티켓을 취재라는 명목으로 쉽게 취할 수 있다. 선망의 대상 혹은 화제의 중심에 선 인물을 가까이에서 접할 수도 있다.

로이터 통신은 규정상 25달러 이상의 식사 대접이나 선물은 취재원에게 받지 못하도록 되어 있다. 그 금액을 넘길 경우 차액을 취재원에게 되돌려주거나 그 돈을 자선단체에 기부해야 한다. 사실 요즘 세상에 25달러는 터무니없는 액수다. 특히 맨해튼에서는 간단히 차를 마셔도 25달러 이상 나오는 경우가 대부분이다. 하지만 지금껏 그 방침을 고수하는 이유는 기자는 어떤 식으로든 이득을 취하면 안 된다는 사실을 잊지 않게 하기 위함이다. 보다 중립적이고 객관적인 기사를 쓸 수 있도록 하는 것이다.

기자도 인간인지라 자기도 모르게 어느 한편을 더 잘 대변하거나 더 정이 가는 쪽으로 끌리게 마련이다. 워크숍에서는 이런 상황에 대처할 수 있는 방법을 서로 토론하고 의견을 나눈다. 이런 워크숍이 때로 귀찮기도 하지만 기자로서 꼭 필요하다고 생각한다. 왜 처음 기자가 되기로 결심했는지, 기자 본연의 모습을 생각해보는 계기가 된다. '기자질'이 그저 밥벌이가 아니라 사명을 가지고 해야 하는 일임을 내 자신에게 다시 한번 알리는 기회가 된다.

Manhattan, 일상의 일탈이 아니라 일탈이 일상이 되는 곳.
매일이 눈부시게 아름답지는 않지만 이곳에서는 늘 새로운 일에
젖어드는 설렘과 행복을 맛볼 수 있다.

PART THREE

싱글, 맨해튼이 아니면 뉴욕에 살 이유가 없다

일탈이 일상이 되는 곳, 맨해튼

흔히 '뉴욕' 하면 브로드웨이에서 제일 번화한 타임스퀘어에 어지럽게 번쩍이는 전광판, 전 세계의 온갖 명품점이 자리한 5번가 쇼핑 거리, 센트럴 파크에서 비키니를 입고 일광욕을 즐기는 뉴요커, 길거리 예술가들의 천국 소호, 월 스트리트와 자유의 여신상을 볼 수 있는 다운타운 정도를 떠올린다. 다시 말해 뉴욕 주의 뉴욕 시가 아니라 59.47평방킬로미터의 작은 섬 맨해튼을 그리는 것이다. 뉴욕 시는 인구가 약 840만 명인 미국의 대도시이자 최대의 항구도시다. 맨해튼, 브루클린, 퀸스, 브롱크스, 스태튼 아일랜드 등 5개 지역으로 나뉘어져 있을 정도로 큰 도시다. 이 중 가장 규모가 작은 지역이 맨해튼이다.

한때 맨해튼은 주인 없는 동네였다. 1990년대 후반까지는 날이 어두워지면 집 밖에 나서기 위험한 곳이었다. 내가 처음 맨해튼에 온 것은 1994년 중학교 때였는데 그때는 도시 곳곳이 폐허였고, 관광을 하다가도 저녁 6시가 되면 숙소로 귀가해야 했다. 이곳은 낮 동안은 주로 브루클린이나 퀸스 또는 뉴저지, 코네티컷 등 외각에 거주하며 맨해튼에 출근하는 직장인들이 머물지만 밤이 되면 빈민층과 노숙자들의 동네가 되었다. 그러다 줄리아니 전 뉴욕 시장의 임기 때인 1990년대 중반부터 치안이 바로잡히며 점차 사람이 거주할 만한 공간으로 바뀌었다. 그리고 어느새 맨해튼은 주인 없는 동네에서 미국의 중심이 되었다.

브루클린은 맨해튼에 살던 젊은 예술가들이 천정부지로 오르는 집값을 피해 모여들어 지금은 제2의 소호로 불린다. 맨해튼을 기준으로 이스트 강 건너에 위치한 이 지역은 값싸고 맛있는 레스토랑이 많고 공연을 관람하기 좋은 곳이다. 퀸스는 주거지역의 인상이 강한 곳으로, 거주 인구의 절반이 이민자일 정도로 인종이 다양하다. 코리아 타운이 있는 플러싱도 여기에 있다. 브롱크스는 맨해튼 북쪽에 위치한 지역으로, 뉴욕 양키스의 홈구장이 있다. 야구 경기가 있는 날 브롱크스로 가는 지하철에는 양키스의 파란색과 하얀색 유니폼을 입은 사람들로 가득하다. 스태튼 아일랜드는 맨해튼 남쪽에 위치한 섬이다. 이곳 역시 맨해튼에 비해 조용하고 주거지역의 느낌이 나는데, 이 섬은 맨해튼으로 출퇴근하는 직장인들을 위해 만들어놓은 공짜 배로 유명하다. 그 배를 타면 자유의 여신상을 가까이에서 볼 수 있어 스태튼 아일랜드 거주자보다 오히려 관광객이 더 많이 이용한다.

맨해튼은 뉴욕의 중심을 가로지르는 허드슨 강을 끼고 있다. 이곳은 뉴욕을 미국 경제와 문화의 수도로 만드는 심장 같은 곳이다. 금융 중심지이고 세계적으로 유명한 박물관, 극장, 공연장, 레스토랑, 대학 등이 모여 있다.

맨해튼이야말로 미국의 살아 있는 역사라지만 이곳에 살기 위한 대가는 혹독하다. 뉴욕 주에서도 뉴욕 시의 일부분인 맨해튼에서는 다른 도시보다 더 많은 소득세를 내야 한다. 거기다 싱글은 세금을 더 내야 한다. 맨해튼에서 싱글로 살면서 일하는 사람들은 대개 연봉의 절반 정도를 세금으로 낸다. 렌트비도 어마어마하다. 손바닥만 한 원룸을 한 달 빌리는 데 약 2000달러, 한화로 250만 원 정도다.

《섹스 앤 더 시티》에서 주인공 캐리는 뉴욕의 한 신문사 칼럼니스트로 일하며, 어퍼 이스트 사이드에 있는 스튜디오에서 살고, 매주 친구들과 명품 쇼핑을 하고, 비싼 레스토랑에 다닌다. 뉴욕에 살아본 싱글이라면 맨해튼에서 그런 럭셔리한 삶이 얼마나 '픽션'인지 금방 알 수 있다. 그 정도 라이프 스타일을 즐기려면 캐리가 하는 일의 연봉으로는 턱없이 부족하다. 로맨틱하게 그려지는 맨해튼의 실체는 지저분한 길거리와 준법정신이라고는 찾아볼 수 없는 뉴요커들의 무단 횡단, 금방 쥐가 튀어나올 것 같은 지하철, 낙후한 IT 시스템 등이다.

이곳에 있으면 깨끗하고 효율적인 한국의 시스템이 그리울 때가 한두 번이 아니다. 처음 타임스퀘어로 이사를 와서 케이블 텔레비전을 설치할 때는 정말 진저리가 날 정도였다. 한국 같으면 하루 만에 출장 기사가 와서 케이블과 인터넷을 설치할 텐데, 여기서는 거의 3주를 기다렸다. 출장 기사와 방문 예약을 잡는 데 2주, 케이블 텔레비전과 인터넷을 설치하는 데 4시간이 걸렸다. 게다가 설치한 그다음 날 갑자기 연결이 끊겼다. 케이블 회사에 전화를 걸어 물어보니 그전 거주자가 케이블 텔레비전을 끊지 않고 이사를 갔다며, 출장 기사가 연결을 끊었다고 했다. 분명 전날 연결해주러 온 사람이 그새 잊고 같은 집 케이블을 끊다니 정말 이해할 수 없는 일이었다. 그런데 이곳 사람들은 출장 기사가 헷갈릴 수 있지 않냐며 대수롭지 않게 반응했다. 그리고 다시 출장 기사와 예약을 잡는 데 2주를 기다려야 했다. 화가 나서 소리를 지르고 나름 협박도 했지만 그런 게 통하는 사회가 아니었다. 유감스럽지만 어쩔 수 없다는 게 그들의 사고였다.

휴대전화 때문에도 한동안 고생을 했다. 전국 방방곡곡, 산속에 있어도 수신, 발신이 되는 한국의 이동통신망에 익숙했던 터라 이곳 통신 상태가 답답할 따름이었다. 지하철이나 터널에서는 물론 고층 빌딩이 많은 맨해튼에서 휴대전화는 무용지물이나 마찬가지다. 통신망에도 문제가 있지만 회사에서 제공한 외국계 스마트폰도 한국 제품에 비해 제품의 질이 현저히 떨어진다. 중요한 기자회견장에서 회사에 있는 데스크에게 전화를 걸어 기사를 불러야 할 때는 한국에서 가져온 로밍폰을 쓰기도 했다. 인터넷 뱅킹 시스템도 제대로 구축되지 않아 송금 수수료만 건당 20달러가 넘어 은행 업무를 볼 때는 직접 창구를 이용하거나 수표를 쓰는 경우가 다반사다.

이사할 때도 고생이 이만저만이 아니었다. 가구나 전자제품은 물건값보다 운송비나 출장비가 더 들어서 구입한 물건을 직접 집으로 운반해 조립까지 했다. 한국의 이마트나 하이마트가 그리워지는 순간이었다. 침대나 책상 같은 큰 가구를 낑낑거리며 집까지 옮기는 것도 큰일이지만 가끔 나사를 잃어버리기라도 하면 일반 의자가 졸지에 다리 하나 없는 예술품으로 둔갑했다. 이런 여러 불편함 때문에 맨해튼에서는 '집안일 하는 남편을 빌려드립니다'라는 공고를 자주 볼 수 있다. 하루에 50달러 정도면 가구를 설치해주고, 막힌 싱크대를 뚫어주고, 이삿짐 옮기는 것을 도와준다.

병원 서비스 또한 경악을 금치 못한다. 얼마 전, 임신한 친한 한국 언니가 맨해튼에 있는 병원에 가보고는 뉴욕에서 아이를 낳고 싶지 않다고 푸념했다. 인구에 비해 턱없이 부족한 병원 시설 때문에 1인실은 생각도 못하고 아이를 낳은 후에도 하루 이상 병원에 입원해 있기 힘들다는 것이었다. 실제로 싱글맘인 한 동료 기자는 맨해튼에서 가장 큰 병원인 마운트 사이나이에서 아이를 낳았는데도 병실이 부족해 하루 만에 퇴원했다.

또, 교통도 불편하다. 수많은 관광객이 밀려들어 툭하면 길을 막아버리고 그나마 트인 길도 죄다 일방통행이라 운전하고 다니기도 힘들다. 주차료도 턱없이 비싸고, 주차 공간도 협소해 차를 타고 다니는 것보다 어깨에 얹고 다니는 게 낫다는 말이 돌 정도다. 또 경찰차와 소방차, 응급차의 사이렌 소리가 밤낮없이 울려댄다.

이게 현실적으로 바라본 맨해튼의 모습이다. 전 세계에서 물가와 집값이 가장 높고 연봉의 43퍼센트를 세금으로 내야 하지만 복지는 형편없고 도시 전체가 지저분하다. 하지만 이 많은 단점을 잊게 하는 단 하나의 장점으로 맨해튼은 싱글에게 천국이 된다. 바로 이 도시의 넘치는 에너지다.

《섹스 앤 더 시티》나 《가십걸》에서 보여지는 맨해튼의 특별

한 에너지는 결코 허구나 환상이 아니다. 이곳에서는 늘 할 일이 넘쳐나 매일 새로운 일로 하루를 채운다. 이런 에너지 넘치는 일상 덕에 삶의 무료함이나 지루함 따위는 허용되지 않는다.

"I know that I am in New York when I theater than dine. 내가 뉴욕에 있는 걸 실감할 때는 저녁을 먹는 대신 공연을 볼 때다" 예전에 뉴욕 JFK공항에서 본 문구다. 맨해튼에서는 언제든 혼자 뮤지컬을 즐길 수 있다. 매일 뮤지컬, 연극, 오페라, 오케스트라 등의 공연이 넘쳐난다. 타임스퀘어를 가로지르는 브로드웨이에는 세계 최고의 뮤지컬이 모여 있다. 1900년대, 42번가에 극장 빅토리아를 시작으로 브로드웨이가 본격적으로 형성되었다. 지금은 40여 개의 극장에서 세계 최고의 뮤지컬이 공연되고 있다. 소극장 공연인 오프브로드웨이까지 합하면 그 수는 배가 된다. 보다 많은 사람이 공연을 즐기도록 티켓을 자주 할인하는 장점도 있다. 저렴하게 공연을 볼 수 있는 가장 좋은 방법은 타임스퀘어에 있는 TKTS라는 티켓 박스를 이용하는 것이다. 이른 아침부터 끝이 보이지 않을 정도로 길게 줄이 서지만 운이 좋으면 75퍼센트까지 할인된 가격에 브로드웨이 공연을 관람할 수 있다.

타임스퀘어 광장에는 브로드웨이 공연을 보러 몰려든 사람들을 위해 차가 다니지 않는 보행자 전용 도로가 있다. 여기 곳곳에 자리한 벤치에 앉아 사람 구경을 하며 뮤지컬을 기다리는 것도 브로드웨이의 묘미다. 또, 야외 활동을 즐기는 뉴요커들을 위해 날씨가 좋은 봄과 여름에는 노천 브로드웨이 공연이 펼쳐진다. 42번가에 위치한 브라이언트 파크Bryant Park에서는 매년 여름 '브라이언트 파크 극장Bryant Park Theater'이라는 이벤트를 열어 유명 브로드웨이 팀을 초청해 무료 공연을 한다. 평소 점심시간 없이 일하는 뉴요커들도 이때만큼은 샌드위치를 챙겨와 햇볕을 즐기며 뮤지컬을 본다.

맨해튼 곳곳에 자리한 미술관과 박물관을 관람하는 것도 큰 즐거움이다. 매년 6월에 열리는 '뮤지엄 마일Museum Mile' 축제 때는 주요 박물관에 무료 입장이 가능하다. 1978년 뉴욕 미술계가 재정난으로 위기를 겪던 때 시작된 이 축제는 매년 6월 첫째 주 화요일에 단 하루 열리는데 그날만 약 5만 명 이상의 인파가 몰린다. 뮤지엄 마일은 맨해튼 82번가부터 105번가의 거리를 뜻하는데 이곳에는 MET라 불리는 메트로폴리탄 뮤지엄과 구겐하임, 뉴 갤러리, 뉴욕 시 뮤지엄, 유대인 뮤지엄 등이 자리 잡고 있다.

뉴욕에 온 지 얼마 되지 않아 한 친구로부터 파리에 가자는 제안을 받았다. 갑자기 무슨 소리냐고 의아해하자 그 친구는 센트럴 파크 남동쪽에 있는 낡은 극장을 소개했다. 파리 극장Paris Theatre, 1980년대 동시 상영관을 연상시키는 낡고 허름한 이 영화관은 마치 프랑스에 온 것 같은 분위기를 자아낸다. 이곳에서는 할리우드 블록버스터가 아닌 인디 영화를 만날 수 있고, 캐러멜이 잔뜩 묻은 팝콘을 먹으며 프랑스에 놀러온 기분을 만끽할 수 있다. 영화를 보다가 졸리면 자고, 허리가 아프면 잠깐 밖에 나갔다 들어와도 되는 그런 편안한 장소다. 개인적으로 참 좋아하는 곳이다. 여기 이외에도, 맨해튼에는 다양한 국적의 사람이 모여 살기에 곳곳에서 여러 나라의 모습을 찾을 수 있다. 세계 각국의 음식을 맛보고, 음악을 즐길 수 있다.

맨해튼이 좋은 또 다른 이유는 건축물이다. 현대적인 초고층 빌딩이 가득할 것 같지만 오히려 오래된 옛 건물이 주를 이룬다. 특히 이스트 빌리지나 웨스트 빌리지에서는 고층 건물을 찾아보기 힘들다. 대신 벽돌로 지어진 엘리베이터가 없는 5층짜리 브라운 스톤 건물이 운치 있게 보존되어 있다. 뉴요커들은 새로 지은 건물보다 옛 건물을 선호하는 편이라 이런 곳이 오히려 임대료가 더 비싸다. 내가 만약 월 스트리트의 기자가 아니고, 새벽 6시에 출근할 일이 없다면 웨스트 빌리지의 이런 브라운 스톤에서 살고 싶다. 좀 불편하고 건물이 낡아도 청명한 가을 하늘과 어우러지는 고풍스러움은 프리미엄을 주고라도 충분히 살아볼 만한 가치가 있다.

이처럼 맨해튼 지역은 옛 건물을 허물지 않고 새롭게 바꾼 곳이 대부분이다. 한때 고기 도살장으로 유명했던 미트패킹도 도살장을 그대로 두고 새로운 명품 거리를 만들고, 큰 신발 공장이던 첼시 마켓 역시 형태는 그대로 유지한 채 각종 레스토랑과 가게가 들어선 거대한 쇼핑몰로 변신했다. 특히 미트패킹 지역에 있는 하이라인 파크High Line Park는 많은 뉴요커들에게 사랑받는 곳으로, 원래 1930년대 지어진 고가 철도인데 트럭 운송이 활발해지면서 잡초가 무성한 흉물이 되자 1억 달러가 넘는 예산을 들여 훌륭한 공원으로 바꾸었다. 이곳 역시 철도는 물론이고 철로 주변의 풀밭도 그대로 두었다. 뉴욕에서 가장 오래된 메이시스 백화점도 아직 삐걱거리는 나무로 된 에스컬레이터를 운영한다. 이렇게 과거와 현재가 공존하는 맨해튼의 독특한 분위기에 사람들이 열광하고 더 빠져드는 것 같다.

"싱글은 맨해튼이 아니면 뉴욕에 살 이유가 없어." 한 친구가 했던 말이다. 그녀는 매달 2,000달러의 월세가 부담되지만 다른 곳으로 이사하지 않는 이유는 자신이 싱글이기 때문이라고 했다. 그녀의 말이 맞는 것 같다. 싱글에게 맨해튼은 세상 최고의 것만 선물하는 남자친구이자, 애인이자, 외롭고 서글플 때 생각나는 가족이자 친구 같은 곳이다. 이런 매력 때문에 맨해튼이 아닌 그 어떤 다른 곳도 내 마음에 차지 않는다.

여행이 일상이 되면 아무리 좋은 곳에서도 매력을 느끼지 못하고, 설렘은 어느새 진부해진다. 하지만 뉴욕의 일상은 느슨해지는 법이 없다. 일상의 일탈이 아니라 일탈이 일상이 되는 곳이 맨해튼이다. 매일이 눈부시게 아름답지는 않지만 이곳에서는 늘 새로운 일에 젖어드는 설렘과 행복을 맛볼 수 있다.

외롭거나 혹은 자유롭거나

어디를 가든 그대는 깨어 있는 마음으로 걸을 수 있다.
걸음을 걸을 때 걷는 동작에 모든 주의를 기울여라.
그대가 내딛는 매번의 발걸음을 자각하고 다른 어떤 것도
생각하지 마라.
이것이 깨어 있는 마음으로 걷는 것이다.
이렇게 함으로써 그대는 모든 발걸음마다 흔들림 없고,
자유롭고, 품위 있게 걷기 시작할 것이다.
그때 그대는 자기 자신의 주인이 될 것이다.
_ 틱낫한 저, 류시화 역《어디에 있든 자유로우라》

미국의 사회학자 데이비드 리스먼의《고독한 군중》이라는 책과 가장 잘 맞아떨어지는 도시가 뉴욕이 아닐까. 이곳은 이방인의 도시라 외롭다. 수백 년 전, 많은 사람들이 '아메리칸 드림'을 위해 이곳을 찾았고 이제는 그들의 후손이 '뉴요커'라는 이름으로 이 좁디좁은 땅에서 살아가고 있다. 이런 다문화적인 면이 뉴욕을 빛나게 하지만 인간이라면 누구나 느끼고 싶어 하는 뚜렷한 '소속감'을 빼앗아 외롭게도 만든다.

그간 여러 나라를 돌아다녔지만 뉴욕만큼 외로운 곳도 없었다. 이민자가 많은 미국과 캐나다를 비교해, 흔히 캐나다는 개인의 개성을 살린 모자이크 같은 나라라고 하고 미국은 모든 사람을 '아

메리칸'이라는 틀에 녹여 없앤다고 끓는 솥이라고 표현한다. 두 곳에서 살아본 내 경험에 비춰보면, 캐나다보다는 오히려 미국이 모자이크 아니 이곳저곳에 흩어진 퍼즐 조각 같다.

처음에는 일에 적응하느라 외롭거나 쓸쓸할 겨를이 없었다. 그런데 점점 일을 익혀 몸이 좀 편해지자 외로움이라는 마음의 감기에 걸렸다. 혼자 센트럴 파크를 걷다가 갑자기 울컥해 한국에 있는 엄마에게 전화해 철없이 엉엉 울고, 며칠 휴가가 생기면 한국에 다녀올 궁리를 했다. 수습기자 생활을 할 때도 그렇게 외롭지는 않았는데…….

일 외의 생활은 무기력 그 자체였다. 할 것도 많고, 갈 곳도 많고, 구경할 것도 많은 뉴욕에서 아무것도 하기 싫고 집에만 틀어박히고 싶었다. 한동안은 뉴욕에서의 시차 적응도 유난히 더뎠다. 휴가차 한국에 갔을 때는 단 하루 만에 적응했는데 이곳에서는 일부러 몸부림치듯 적응이 힘들고 어려웠다. 뉴욕에 돌아왔다는 걸 인정하기 싫어서 한국에서 가져온 휴대전화만 만지작거리고, 지금 이곳에 살기는 하지만 '내 집은 아니다'라는 생각이 떠나지 않았다. 돌아온 지 하루 만에 한국이 그리워 일이 손에 잡히지 않고, 주위 모든 게 낯설었다. 단지 주변에 사람이 없어서 그런 건 아니었다. 아프리카 오지 같은 데서도 그리 외롭지는 않았으니까.

하지만 그렇게 뉴욕에서 몇 달을 보내고 나니 언제부터인가 더는 외롭다는 생각이 들지 않았다. 이곳에 익숙해지고 적응한 것도 있지만 그보다 '외로움'이란 감정을 자연스럽게 받아들이게 되었다. 돌이켜 생각하니 내가 유독 외롭다고 느낀 건 뉴욕에 오기 전에는 타인과의 시간에 치중했기 때문이었다. 한국에서는 일과 대학원을 병행하며 나를 위해 쓰는 에너지와 시간보다 타인과의 관계를 관리하는 데 많은 시간을 보냈다. 남들과의 관계에 중독되다 보니 그들이 나를 어떻게 생각할지 불필요할 정도로 신경을 썼다. 인맥을 관리해야 한다는 의무감에 평일, 주말 할 것 없이 무리하게 약속을 잡았다. 겉으로는 기자이니 별수 없이 사람을 많이 만나야 한다고 했지만 사실 직업 탓이 아니라 그저 뭇사람들의 시선을 의식해서였다. 그런데 그 귀찮고 골치 아픈 시선이 뉴욕에 와서 갑자기 사라지니 아이러니하게도 급격히 외로워졌던 것이다.

뉴욕의 에너지에 매료되면서 '군중 속에 있지 않아 외롭고 불안한 느낌'은 오히려 '남들처럼 살지 않아도 되는 자유로움'으로 바뀌었다. 이곳은 남을 의식하지 않아 그 어떤 것도 가능한 무한대의 가능성이 열린 곳이다. 이방인이기에 길을 잃을 자유가 있는, 남들을 따라 한 방향으로 가지 않는 게 당연한, 학교에서 배운 일률적인 삶을 사는 훈련을 적용하지 않아도 되는 그런 곳이다. 남들 다 있는 직장이 없어 자존심 상하거나, 남들 다하는 펀드나 적금이 없어 불안하거나, 남들 다하는 연애나 결혼을 하지 않는다고 굳이 외로워할 필요가 없는 곳이다.

억대 연봉을 받아도 자신이 행복하지 않으면 당장 그 일을 그만두고 서른의 나이에 춤을 배워 단역 뮤지컬 배우로 나서거나 마흔의 나이에 요리를 배워 주방 보조부터 시작하는, 통상 비상식적이라 여겨지는 일이 흔히 일어나는 곳이 바로 뉴욕이다. 자신이 원하는 일을 한다면 그것이 세상 오직 유일한 길이라도 외롭지 않게 느껴지는 곳이다. 세계 최고들이 모여 있기에 아무리 늦게 시작하더라도 나 역시 언젠가는 최고가 될 수 있다는 막연한 자신감이 생기고, 나이가 들면서 쉽게 잊어버리는 자신의 가능성을 찾고 다시 꿈을 꿀 수 있는 곳이 뉴욕이다. 오로지 자신의 삶에만 충실한 뉴요커들을 통해 '지독하게 외롭거나' '완벽하게 자유로운' 건 마음먹기에 달려 있음을 배웠다.

오늘도 뉴욕은 하루하루를 충실히 살라고 충고한다. 좀 더 큰 꿈을 이룰 수 있다는 자신감을 가지라고. 그 꿈에서 나는 뉴욕시 경찰청NYPD과 범죄 현장을 누비며 사건을 취재하는 사회부 기자가 되기도 하고, 정치의 중심 워싱턴 DC에서 백악관을 출입하는 최초 동양인 기자가 되기도 하며, 중동 지역의 분쟁과 폭동을 취재하는 종군기자가 되기도 한다. 다급하지는 않다. 이곳에서라면 한 걸음 물러서서 한 번 더 생각하고, 한 번 더 연습하고, 한 번 더 깊어져 진정한 전진을 이루기 위한 준비를 할 수 있다. 내 꿈에 대해 그 어느 때보다 자유로울 수 있기에.

뉴요커가 되어간다는 증거

'뉴욕에 한번 살았던 사람은 절대 다른 곳에서 살 수 없다.' 라는 말이 있을 정도로 뉴욕은 매력적인 도시다. 하지만 처음에는 그 말을 도저히 납득할 수 없었다. 회사 창문 밖으로는 타임 스퀘어의 상징 중 하나인 타임 볼●이 마치 손에 닿을 듯 가깝게 보인다. 실제로는 그다지 크지 않은 장난감 같은 그 볼은 화려하지만 쉽게 바랠 것 같은 빛을 내뿜고 있다. 이처럼 뉴욕은 화려하지만 그만큼 나를 빨리 지치고 힘들게 만들 것 같다는 생각이 들었다. 그래서 오랫동안 이 도시에 정을 주지 못했다.

2010년 겨울에 플로리다의 네이플스라는 휴양지로 출장을 갔다. 시카고옵션거래소CBOE가 주최하는 회의를 취재하는 일이었는데, 여기에 모인 옵션 전문가들은 이틀간 회의를 하고 마지막 하루는 네트워킹차 다 함께 골프를 치는 것으로 유명하다. 그래서 날씨 좋은 휴양지의 골프 리조트만을 골라 회의를 개최한다. 당시 뉴욕은 강추위와 강한 눈보라를 동반한 블리자드에 가까운 날씨였는데 플로리다의 하늘은 눈부실 정도로 화창하고, 골프장의 잔디는 회의장에서 일만 하는 게 억울할 만큼 푸르렀다. 뜨거운 태양이 내리쬐는 바다는 보석같이 빛났다.

● New Year's Eve Ball | 뉴욕에서는 매년 1월 1일 0시 새해를 맞아, LED 형광등을 반짝이는 볼을 떨어뜨리는 이벤트를 벌인다.

공항에서 호텔 차량을 타고 숙소로 가는데 운전기사가 어디서 왔느냐고 물었다. 뉴욕이라고 답하자 그는 반가운 듯 자기도 뉴요커로 30년을 생활하고 플로리다로 은퇴했다며 인생 이야기를 풀어놓았다. 경기 침체로 플로리다의 집값이 폭락해 전망 좋은 곳으로 이사할 수 있었다고 자랑하며 요즘 뉴욕 집값은 얼마냐고 물었다. 내가 지불하고 있는 터무니없이 높은 렌트비를 대자 자신은 그 3분의 1도 되지 않는 가격에 33층 펜트하우스에 산다고 말했다. 건물 꼭대기인 33층에 엘리베이터가 열리면 바로 집 안으로 연결되는 영화에나 나올 법한 그런 곳이었다. 순간 그가 무척 부러웠다. 따뜻한 플로리다에서 1년 365일 해변이 바라다보이는 곳에서 살고 있다니. 그것도 내 렌트비의 3분의 1의 가격에.

둘째 날 아침, 회의장에 가기 위해 허겁지겁 한 손에는 커피를 한 손에는 신문을 들고 호텔 차량에 올라타는데 전날 만난 운전기사가 웃으며 말했다. "역시 한 번에 아침 식사, 신문 읽기, 출근을 하느라 허둥지둥하는 걸 보니 뉴요커가 맞네요." 그는 플로리다에서는 햇살 가득한 바다를 보며 아침을 먹고, 음악을 들으며 자가용을 타고 느긋이 출근한다고 자랑을 했다. 그 말을 들으며, 나는 왜 이리 여유 없이 사는지 회의감이 들었다. 아무리 출장이라지만 그 좋은 휴양지에서 아름다운 바다와 날씨와 여유를 전혀 즐기지 못하고 있었다.

출장 마지막 날에도 그 운전기사는 뉴욕에 대해 여러 불만을 토로하며, 맨해튼같이 복잡한 곳에서 왜 사느냐며 네이플스 같은 멋진 곳에서 인생을 즐기라고 충고했다. 사실 그때까지 나는 단지 일 때문에 '어쩔 수 없이' 뉴욕에 살고 있다고 생각했다. 하지만 그의 충고를 들었을 때, 꼭 그렇지마는 않다는 생각을 했다. 푸른 보석을 품은 듯 넘실거리는 플로리다의 바다를 보고 있으면 그곳은 마치 천국 같아 보이지만 분명 뭔가 부족했다. "This place might be paradise but it's still not New York. 이곳이 아무리 천국일지언정 뉴욕은 아니잖아요" 나도 모르게 말을 꺼내놓고 흠칫 놀랐다. 어느새 나는 뉴욕의 에너지에 매료되어 제법 뉴요커가 되어가고 있었던 것이다. 슬며시 입꼬리가 올라갔다.

시카고 출장 때도 비슷한 일이 있었다. 공항에서 숙소로 가기 위해 택시를 탔는데 도로에 차가 밀리자 택시기사는 교통 정체가 오바마 대통령 때문이라고 말했다. 오바마의 정치 인생이 시작된 곳이 시카고라 그가 대통령에 당선된 뒤로 평일이고 주말이고 관광객이 넘쳐난다고 했다. 순간 '풋' 하고 웃음이 터질 뻔했다. '이 정도 정체는 뉴욕에서는 차가 밀리는 축에도 끼지 못하는데.'라고 생각하며, 아이러니하게도 미소가 지어졌다.

내가 뉴욕에서 왔다고 하자 택시기사는 자신도 뉴욕에서 잠시 살다 시카고로 이사를 왔다고 했다. 그러고 보면 미국 사람 10명 중 9명은 자신이 한때 뉴욕에서 '뉴요커'로서의 삶을 살았음을 무용담처럼 이야기한다. 마치 뉴욕에서의 평탄치 못한 시절이 훈장이라도 되는 듯 말이다.

그는 뉴욕보다 시카고가 좋은 101가지 이유를 대며, 시카고는 미국의 제3의 도시라는 명성에 걸맞게 유명한 박물관과 미술관 및 뮤지컬 공연장 등이 곳곳에 있다고 자랑했다. 가장 중심지에는 화려한 명품 상점이 들어선 쇼핑의 거리, 메그니피션트 마일이 있으니 꼭 들러보라고 했다.

솔직히 그가 말한 모든 것이 좀 시시하게 느껴졌다. 시카고는 분명 매력 있는 도시이지만 그곳 역시 뉴욕이 아니었다. 그의 말대로 박물관과 미술관이 있고, 다운타운 중심부에 있는 밀레니엄 파크는 정말 멋진 공원이지만 뉴욕에 비하면 그리 매력적이지 않았다. 아무리 뛰어난 미술관이라도 고흐의 〈별이 빛나는 밤〉을 아무 때나 볼 수 있는 뉴욕현대미술관MoMA이 아니고, 아무리 쇼핑 천국이라도 뉴욕 5번가보다 화려하지 않았다. 메그니피션트 마일은 센트럴 파크 근처에 있는 백만장자 마일에 비하면 그저 초라해보일 뿐이었다. 북미에서 가장 높다는 윌리스 타워도 뉴욕의 스카이라인에 비하면 그다지 멋지지 않았다. 뉴욕은 웬만한 건, 심지어 교통 체증까지 최고인 특별한 도시다.

그때 알았다. 뉴욕은 나를 견고하게 만드는 곳이라는 걸. Jay-Z라는 유명한 힙합 가수의 노래에도 나오듯, 뉴욕에서 생존할 수 있다는 건 그 어디서든 살아남을 수 있다는 뜻이다. 극과 극을 체험시켜 웬만한 것에는 놀라지 않게 단련시키는 곳, 나만의 경쟁력이 되어주는 도시가 바로 뉴욕이다.

뉴욕은 지금 디톡스 중

안젤리나 졸리와 가수 비욘세 등이 했다고 알려진 디톡스 다이어트가 한때 뉴욕에서 선풍적인 인기를 끌었다. 이 다이어트의 핵심은 몸속에 있는 독소를 빼내기 위해 약 10~14일간 단식하며 레몬, 메이플 시럽, 고춧가루를 물에 타서 마시는 것이다. 건강을 위해서 1년에 한두 번 하는 게 좋고 무엇보다 이 디톡스 과정을 끝내면 10킬로그램도 감량할 수 있다. 나도 다이어트 차원에서 이 방법을 시도해본 적이 있다. 몸이 정화되는 느낌은 받았으나 한 3일 지나니 현기증이 일고 하늘이 노래졌다. 곧 죽을 것 같아 포기하고 집 앞에 있는 스타벅스로 달려가 프라푸치노를 단숨에 들이켰다. 디톡스라는 과정은 참 힘들다. 몸 안에 있던 노폐물을 빼내고, 그간의 식습관을 바꿔야 하기에 굳은 의지와 자제력 없이는 불가능하다. 그렇지만 험난한 과정을 견디고 나면 몸이 한결 가벼워지고 건강해짐을 느낄 수 있다.

내가 만난 뉴요커들은 건강한 신체에 굉장히 민감하고 신경 쓰는 편이다. 유기농 식품만 판매하는 홀푸드마켓Whole Foods Market은 일반 식품점보다 가격이 배는 비싸지만 열기만 하면 '대박'일 정도로 소비자에게 어필하고 있다. 또, 이들은 건강한 신체는 건강한 정신에서 나온다고, 무엇보다 '긍정의 힘'을 믿고 마음을 편히 하는 좋은 생각과 건전한 정신을 가지려고 노력한다. 그것이 일과 가족과 인생을 위한 성공의 길이라고 믿는다.

디톡스 다이어트에 대해 알게 된 건, 자주 통화하는 한 증권 트레이더로부터였다. 함께 점심을 먹자고 제안했더니 10일 정도는 식사나 술 약속을 잡지 못한다고 미안해했다. 종교적인 문제인지, 사적인 문제인지 몰라 조심스럽게 이유를 물었더니 몸과 마음의 디톡스 다이어트를 시작한다고 했다. 몸 다이어트는 대강 알고 있었지만 마음은 어떻게 하는 것인지 궁금해 꼬치꼬치 물었더니 그는 짧게 답했다. '사소한 일은 잊어버리는 것.'

우리는 살면서 사소한 일에 목숨 걸고 그 일에 많은 생각과 시간을 허비하며 자신을 괴롭히는데, 그러한 일을 글로 써내려가며 마음의 독소를 하나하나 밖으로 끄집어내는 것이라고 했다. 순간 이 사람이 하루에 수백 혹은 수천만 달러를 배팅하고 그 결과에 목숨 거는 피도 눈물도 없는 월 스트리터가 맞는지 의심이 들었다. 총성은 들리지 않지만 전쟁터나 다름없는 월 스트리트에서 살아남기도 바쁜 사람이 마치 법정 스님의 가르침을 받은 양 마음을 비우라니. 그 이야기를 듣고 나도 몸과 마음의 디톡스 다이어트를 시작하기로 마음먹었다. 비록 몸 다이어트는 작심삼일로 끝났지만 마음은 웬만큼 성과가 있었다.

모든 사람을 혈액형으로 단정 지을 수는 없지만 평소 혈액형에 따른 성격의 특징이 웬만큼 맞는 부분이 있다고 생각한다. 나는 A형인데 소심함으로 치면 트리플 AAA형이 아닐까 싶다. 상처받은 말을 마음속에 꼭 쟁여두고, 경쟁에서 지면 그것 또한 마음속에 차곡차곡 쌓아두고 복수의 기회를 노리는 소심한 성격이다.

마음의 디톡스 다이어트를 위해 먼저 싫어하는 걸 떠올렸다. 흰 종이를 가져다두고 그간 섭섭했던 일과 말, 사람 이름을 적었는데 금세 A4 용지 5장을 앞뒤로 빼곡히 채웠다. 사실 좀 놀랐다. 내가 그렇게 뒤끝 있는 사람인지 처음 알았다. 에디터가 좀 더 간결하게 기사를 쓸 수는 없는 거냐고 지적한 일, 매몰차게 나를 거절했던 뉴욕타임스와 워싱턴 포스트, 연합 수습기자 시절 내 인사를 절대 받지 않던 용산경찰서 강력계 모 반장, 나에 대한 터무니없는 소문을 퍼뜨린 대학원 동기 언니, 논문 주제를 계속 통과시키지 않던 대학원 교수님, 중학교 때 짝사랑했던 남자아이까지 정말 유치한 리스트였다. 그런 사소한 일에 신경을 쓰며 내가 얼마나 독해졌을지, 마음에 얼마나 많은 독소가 쌓였을지 생각하니 끔찍했다. 어쩌면 시급한 건 몸이 아니라 마음의 디톡스 다이어트라는 생각이 들었다.

며칠 후, 그 트레이더와 통화를 하다가 나의 디톡스 다이어트에 대해 이야기하자 그는 정말 따라 할 줄 몰랐다며 놀라워했다. 그리고 다음 '클렌징' 단계를 알려주었다. 몸에 남은 찌꺼기를 완벽하게 빼내기 위해 아침에 일어나자마자 공복 상태에서 찬물 1컵에 유기농 소금 3스푼을 넣어 마시는 것이었다. 마음 디톡스의 클렌징 단계는 '앙금'을 푸는 것이었다. 앙금이라 할 만큼 크게 상처받은 일은 없다고 하니 그는 누구든 마음에 앙금이 남아 있다고 했다. 크든 작든, 사람에게 느낀 배신감이든 상처받은 일이든 어떠한 일로 인해 행동이 움츠러들거나 무기력해진 경험을 떠올리라고 했다.

곰곰이 생각해보니 내 마음속에는 앙금이 남아 있었다. 기사를 지적한 에디터는 괜한 자격지심으로 그러려니 치부하고, 뉴욕타임스와 워싱턴 포스트 기자들과 마주하는 자리에 가면 그들을 보며 '내가 쓰는 기사나 받아쓰는 주제에……'라며 속으로 빈정댔다. 하지만 그와 동시에 나는 그들 앞에서 더욱 움츠러들었다. 어느새 그 '독소'는 앙금이 되어 가라앉아 있었다.

크게 마음 상한 일을 '그러려니' 하고 넘기면 결국 독소로 남게 된다. 하지만 그 일을 곰곰이 되뇌어보면 때로 참 사소한 일이었다는 생각이 든다. 이렇게 앙금을 푸는 과정이 클렌징 단계다. 보통 사람은 상처를 준 상대와 대면하지 않고 '어차피 지난 일인데 뭐, 안 보고 살면 되지'라는 식으로 어물어물 덮어버린다. 그렇게 잊는다고, 못이 박힌 곳을 모른 척한다고 저절로 상처가 아무는 게 아닌데 말이다. 세상은 사람이 얽히고설킨 실타래와 같아 헤어진 이들도 결국 언젠가 다시 만나게 된다. 그때에 대비해, 현재 나의 행복을 위해 앙금이 있다면 빨리 풀어야 한다. 도저히 그럴 수 없는 앙금이라면 그 일로 인해 앓게 된 후유증이라도 최소화해야 하는 게 '클렌징' 단계의 핵심이다.

디톡스 다이어트가 끝나면 다음은 보식 기간이다. 갑자기 음식이 들어가면 몸에 탈이 날 수 있어 천천히 일상생활로 복귀하는 과정이다. 몸의 경우는 첫날과 둘째 날은 주스만 마시고, 셋째 날부터 미음을 먹는다. 마음의 경우는 사소한 일에도 자주 웃고, 자신의 삶에 중요한 것이 무엇인지 우선순위를 매겨 불필요한 에너지를 쏟지 않도록 연습한다. 쉬워 보이지만 실제로 가장 힘이 들고 또 그만큼 중요한 단계다. 몸에 밴 습관으로 또다시 누군가에 대해 앙금을 만들고 자신을 피곤하게 하는 일이 발생하기 때문이다.

특히 한국 사람들에게 화병이라는 마음의 독소가 생기는 이유 중 하나는 남의 시선에 지나치게 민감하기 때문인 것 같다. 옷만 봐도 그렇다. 뉴요커들은 남이 어떻게 생각할지 신경 쓰지 않고 마음 가는 대로 옷을 입는다. 타인에게 해가 되지 않는다면 비키니를 입고 센트럴 파크에 누워 책을 읽기도 하고, 겨울에 반팔을 여름에 긴팔을 입기도 한다. 뉴요커들이 남의 시선에 얽매이지 않는 이유는 '한 번 사는 인생 내 마음대로 살겠다'가 아니라 '내 인생은 아무도 대신 살아주지 않는다'는 마인드이기 때문이다. 남의 눈치 보며 살기에는 자신의 시간이 너무 아깝다는 걸 안다.

나는 아직도 완벽하게 마음의 디톡스 다이어트를 끝내지 못했다. 마지막 단계에서 늘 무너지기 때문이다. 클렌징 단계까지 마무리해도 또다시 스트레스를 받고 누군가를 죽도록 미워한다. 나는 그다지 성격이 좋지 못해 과감히 용서하는 법을 따라 하기가 아직 벅차다. 그래도 한 가지만은 매일 아침 내 자신에게 말해주고 있다.

Don't sweat the small stuff! 작은 것에 연연하지 말자!

뉴요커는 미트패킹에 가지 않는다

뉴욕의 미트패킹meat packing 거리. 직역하면 '고기 도살장'이지만 《섹스 앤 더 시티》를 본 사람은 이곳이 얼마나 'hot'한지 알 수 있다. 드라마에서는 놀기 좋아하는 사만다가 사는 곳으로 소개되었고, 실제로 소위 잘나가는 젊은 청춘에게 가장 물 좋은 동네로 알려져 있다. 유명한 바, 클럽, 레스토랑, 명품 상점 등이 즐비하고 패리스 힐튼이나 린제이 로한 등 할리우드 스타가 만취한 상태로 파파라치 사진을 찍히고, 주말에는 큰 키에 CD보다 작은 얼굴의 모델들이 거리를 활보한다. 지도상으로는 고작 10블록 정도인데, 10년 전에는 그 명칭처럼 도살장과 정육점이 밀집해 있었다. 그러다 가난한 젊은 예술가들이 소호나 웨스트 빌리지의 치솟는 집값을 피해 이사오면서 점차 사람 사는 동네로 변모했다. 지금은 맨해튼에서 가장 집값이 비싼 지역으로 손꼽힌다. 도살장과 명품 상점이 공존하는 곳이라 더 묘한 매력이 있다. 하지만 뉴요커들은 타임스퀘어에 이어 미트패킹까지 관광객으로 북적이자 점차 이곳을 외면하고 있다.

"과연 뉴요커다운 건 뭘까?" 동료 기자에게 물으니 그는 의외로, 뉴요커들은 뉴욕을 'New York'이나 'The Big Apple'이라고 부르지 않고 그저 'The City'라고 칭한다고 했다. 그러면서 그는 진짜 뉴요커스러운 일상이 무엇인지 몇 가지 이야기했다. 만약 뉴욕에 놀러와 관광보다 뉴요커다운 여행을 하고 싶은 독자들이 있다면 동료 기자의 목록에 내 견해를 조금 보태 다음의 것을 추천하고 싶다.

우선 뉴요커들은 옥상을 참 좋아한다. 여름뿐 아니라 추운 겨울에도 옥상에 위치한 야외 바를 즐기기 위해 두꺼운 코트와 방한용 귀마개, 장갑으로 무장한다. 내가 좋아하는 곳은 MET에 있는 야외 바이다. 내부에서 작품을 감상하고 내키면 언제든 야외로 나와 와인을 마실 수 있다. 특히 이곳에서 보는 센트럴 파크의 석양은 말로 표현 못할 정도로 아름답다. 이런 이유로 뉴요커들은 미트패킹에 있는 화려한 클럽보다 조용하고 아늑한 야외 바를 선호한다.

이 외에도 밖에서 술을 마실 수 있는 공간이 있다. 뉴욕은 공공장소에서는 주로 금주인데 스태튼 아일랜드로 가는 공짜 페리 안에서는 합법적으로 술을 마실 수 있다. 맨해튼에서 스태튼 아일랜드까지 가는 15분간 시원한 강을 가르며 달리는 페리에서 자유의 여신상을 보며 마시는 맥주는 그곳에서만 누릴 수 있는 특권이다.

또 하나의 재미는 볼트 버스Bolt Bus다. 일찍 예약하면 이 버스를 타고 약 10달러에 필라델피아, 워싱턴 DC, 보스턴 등 동부의 대도시를 여행할 수 있다. 가끔 맨해튼이 답답할 때, 볼트 버스를 타고 워싱턴 DC에 가서 벚꽃 구경을 하거나 필라델피아에 가서 유명한 Philly's 치즈 스테이크를 먹고 오는 것도 뉴욕 생활의 묘미다.

뉴요커들은 농구, 야구, 미식축구, 테니스 등 운동에 '미친' 사람들이 많다. 마이클 조던의 후계자로 각광받는 마이애미 히츠 소속의 르브론 제임스를 뉴욕 닉스에 영입하기 위해 도시 전체가 힘을 합해 로비를 펼친 적도 있다. 블룸버그 뉴욕 시장은 그를 향한 구애 광고를 찍고, 뉴욕의 한 스트립 바에서는 그에게 평생 회원권을 공짜로 제공한다는 파격적인 제안을 했다. 진정한 뉴요커의 열정을 느끼고 싶다면 타임스퀘어, 자유의 여신상, 록펠러 센터 등 관광 명소를 찾기보다 매디슨 스퀘어 가든에서 농구 경기를 보거나 브롱크스에서 양키스의 야구를 보는 걸 추천한다.

겨울에 뉴욕을 찾는다면 《크리스마스 스펙타큘러Christmas Spectacular》 공연을 챙겨보는 것도 좋다. 타임스퀘어 근처의 라디오 시티 홀에서 1950년대부터 매해 열리고 있다. 이 뮤지컬을 보면 뉴욕의 겨울을 한눈에 감상할 수 있다. 매년 레퍼토리가 같은데도 뉴요커들은 이 공연을 빼놓지 않고 챙겨본다. 센트럴 파크, 소호, 어퍼 이스트 사이드를 비롯해 맨해튼 곳곳을 여행하는 장면은 웬만한 여행 책자보다 낫다.

먹는 데 목숨 거는 뉴요커

'뉴욕은 탐식과 미식의 도시다. 월 스트리트가 만드는 자본주의와 그 돈을 가장 많이 만지는 사람들이 만나는 접점이기 때문이다.' 누군가 했던 이 말처럼 월 스트리트는 탐식의 장이며 뉴욕은 미식의 도시가 맞다. 뉴요커들은 마치 먹기 위해 태어나 먹기 위해 사는 사람들 같다. 그들은 맛있는 음식이 뉴욕에서의 치열한 삶에 위로인 양 먹는 데 굉장히 집착한다.

내 입맛은 전형적인 토종 한국식이다. 한국에서 오래 살지도 않은 애가 입맛은 왜 그리 토속적이냐고 놀림받을 정도로 된장찌개와 홍어삼합을 좋아하고 매일 김치를 먹어야 한다. 한식 다음으로 좋아하는 건 중식과 동남아 음식이다. 태국이나 인도네시아의 길거리 음식도 가리지 않고 먹는데 이를 보고 주변에서는 개발도상국에서 유년기를 보냈기 때문이냐고 묻는다.

미식가가 되기 위한 기본적인 조건은 어릴 때부터 짠맛, 단맛, 매운맛을 경험하며 혀의 감각을 익힌 동양인이 서양인보다 우월하다고 생각한다. 엄밀히 미국 음식은 햄버거 정도이고 뉴욕 음식은 대부분 외국에서 들어왔다. 뉴욕을 여행하며 이곳 전통 음식을 먹을 생각이라면 큰 오산이다. 대신 세계 여러 나라의 음식을 한꺼번에 맛볼 수 있다.

뉴욕을 진짜 맛 천국으로 만드는 일등 공신은 바로 음식에 대한 존경심과 집착이 강한 뉴요커들이다. 맨해튼과 퀸스, 브루클린 등을 포함한 뉴욕 주변부에는 약 2만 5천 개의 레스토랑이 있다. 뉴요커들은 1년 365일 다른 레스토랑에서 다른 종류의 음식을 선택할 수 있는 삶에 크게 만족한다. 연봉의 반 이상을 세금과 연금으로 내는 이곳 사람들은 따로 저축을 하지 않는다. 번 돈을 맛있는 음식을 먹고, 공연을 보는 데 쓴다. 그중 으뜸은 바로 '먹는 것'이다. 20달러짜리 티셔츠는 돈 아까워서 못 사는 사람들이 한 끼에 200달러가 넘는 식사비는 전혀 아까워하지 않는다. 심지어 꼭 가고 싶은 레스토랑은 1년 전에 예약하고, 만약 저녁 시간에 자리가 나지 않으면 밤 10시나 11시라도 밤참 같은 저녁을 먹는다. 이런 뉴요커들 덕에 외식업계는 경기 침체의 바로미터가 된다. 실제로 경기침체 이후 회복을 가장 먼저 보인 것도 바로 외식업계였다. 그만큼 뉴요커들은 생존을 위해 먹는 게 아니라 먹고 마시기 위해 생존한다.

맨해튼에는 프랑스의 권위 있는 맛집 가이드 책인 《미슐랭 가이드》에서 별점 3개를 받은 식당이 5곳이 있다. 별점 3개는 《미슐랭 가이드》가 줄 수 있는 최고점으로, 곧 '그 맛집을 위해서라도 꼭 그 도시를 방문해야 함'을 의미한다. 물론 별점 3개 레스토랑이 10곳이나 되는 파리나 11곳이나 되는 도쿄에 비하면 적은 수이지만 전통 음식이 전혀 없는 나라에서 별점 3개의 레스토랑이 5곳이나 된다는 건 대단한 일이다.

먹는 것을 워낙 좋아하는 편이라 그런 면에서 내게 뉴욕은 천국 같은 곳이다. 진짜 맛있는 설렁탕을 먹으려면 한국이 아닌 뉴욕의 코리아 타운에 가라는 말이 있을 정도로 이곳 코리아 타운에는 없는 게 없고, 중국보다 더 중국스러운 차이나 타운은 맨해튼 다운타운에서 큰 부분을 차지하고 있다. 파스타가 먹고 싶으면 뉴저지에 있는 호보컨이라는 옛 이태리 동네에 가면 되고, 그리스 음식이 먹고 싶으면 그리스 이민자가 많이 사는 퀸스에 가면 된다. 심지어 그냥 길거리에서 사먹는 케밥도 참 맛있다. 덕분에 뉴욕에서 1년을 보내고 남은 건, 한층 성숙해진 미각과 5킬로그램이 불어난 몸무게다. 그래도 다이어트를 하기에 뉴욕은 너무 맛있는 곳이다.

Restaurant Week

뉴요커들이 가장 좋아하는 연중행사 중 하나는 레스토랑 위크다. 겨울에 1번, 여름에 1번 일주일간 열리는데 행사 기간에는 약 200여 곳이 넘는 레스토랑에서 저렴한 가격의 세트 메뉴를 선보인다. 《미슐랭 가이드》에서 별점 3개를 받은 한 끼에 몇백 달러인 레스토랑부터 평범한 파스타 가게까지 여러 식당이 이 행사에 참여한다.

뉴요커들은 평소 가격이 부담되어 가지 못한 맛집을 이 행사 기간에 거의 순방한다. 투자의 귀재 워런 버핏은 매년 자선 경매품의 하나로 자신과 점심을 함께 할 수 있는 식사권을 내놓는데, 그가 당첨자와 함께 간다는 스테이크 레스토랑 스미스&월렌스키Smith&Wollensky도 행사 동안 점심 세트를 24달러에 내놓고, 예약을 하려면 최소 두 달은 기다려야 한다는 One if by Land, Two if by Sea라는 레스토랑도 3코스 저녁 세트를 37달러에 제공한다.

나 역시 레스토랑 위크에는 매일 어디서 뭘 먹을지 행복한 고민을 한다. 행사 기간에 레스토랑을 예약하지 못하고 아쉬워하는 뉴요커들을 위해 이동식 레스토랑 트럭도 등장한다. 점심을 코스로 먹는 게 부담될 때 이 트럭에서 간단한 요리로 식사를 할 수 있다.

뉴욕에서 요리사의 권위는 단연 톱이다. 요리가 주가 되는 리얼리티 프로그램에 출연해 스타가 된 셀러브리티 쉐프도 많지만 그만큼 뉴요커들은 맛에 대한 존경심이 높다. 《미슐랭 가이드》에서 별을 받은 스타 요리사들이 자신의 이름을 내건 테이스팅 메뉴는 몇백 달러의 가격에도 예약이 밀린다. 내가 가장 좋아하는 쉐프는 장 조지Jean Georges이다. 한국에서도 꽤 유명한 이 쉐프의 요리는 단 한 번도 나를 실망시킨 적이 없다. 프랜치식이면서 전혀 느끼하지 않은 깔끔함이 장점이다. 나중에 알게 된 사실인데, 장 조지의 아내가 한국계라 그의 요리에 한국의 맛이 가미되었다고 한다.

뉴요커들은 연예인을 따라다니듯 좋아하는 요리사가 운영하는 레스토랑을 찾는다. 이 경우 대개 음식값이 만만치 않은데, 이런 고민을 해결하기 위해 유명 요리사들은 자신의 이름을 내건 캐주얼하고 심플한 레스토랑을 운영하기도 한다. 쉐프 다니엘Daniel Boulud은 기존 Daniel 레스토랑보다 캐주얼한 카페 불뤼Cafe Boulud를 운영하고, 장 조지 역시 장 조지 누가틴Jean Georges Nougatine에 가면 디너 때와 같은 음식을 절반 가격에 맛볼 수 있다. 이들은 요리라는 예술은 보다 많은 사람이 쉽게 공유할 수 있어야 한다고 생각한다. 이런 쉐프들이 있어 뉴요커에게 맛집 탐방은 일상이자 취미가 된다.

Flying Solo

뉴욕에서는 혼자 밥 먹는 일이 잦다. 회사에서도 동료와 점심을 먹으러 갈 시간이 없어 각자 식사를 해결한다. 《미슐랭 가이드》에서 별을 받은 레스토랑에서도 혼자 와인과 코스 요리를 즐기는 사람을 흔히 볼 수 있다. 출장을 오거나 여행을 와서 혼자라는 이유로 뉴욕의 맛집을 포기하기에 이곳은 맛있는 음식이 너무 많다.

혼자 밥을 먹어야 하는 서러움을 느낄 때 자주 가는 곳은 어퍼 웨스트 사이드에 있는 팝 오버 카페Pop over cafe다. 겉은 크게 부풀어 있고 안은 텅 비어서 마치 슈크림 없는 슈크림빵 같은 팝 오버 빵이 가장 유명하다. 딸기 버터를 발라 먹으면 앉은 자리에게 10개도 해치울 정도로 맛있다.

가끔 맨해튼을 벗어나고 싶을 때는 브루클린에 있는 그라말디 피자Grimaldi's Pizza에 간다. 이곳은 미셸 오바마 영부인이 시카고의 딥 디쉬 피자Deep dish pizza보다 맛있다고 말해, 본의 아니게 피자를 두고 뉴욕과 시카고가 자존심 경쟁을 하게 만든 곳이다. 가게에서 먹고 가든 포장하든 한 줄로 서서 기다려야 하고 현금밖에 받지 않지만 땡볕에서 2시간을 기다리더라도 피자를 맛보려는 사람으로 매일 인산인해다. 화로에 구워서 나오는 피자는 혼자 먹기에 큰 편인데 뉴요커들은 혼자서도 와인과 함께 천천히 피자를 즐긴다.

타임스퀘어에 맨해튼에서만 3번째 분점을 낸 쉑쉑Shake Shack 햄버거 가게도 1시간은 기본으로 기다려야 한다. 홈페이지에 매장에 대기하고 있는 손님 수를 체크할 수 있는 동영상을 제공할 정도로 줄이 길지만 이곳의 햄버거와 밀크 쉐이크는 그만한 가치가 있다.

내가 가장 오래 기다려본 맛집은 호보컨에 있는 카를로스 베이커리Carlos' Bakery다. 맨해튼에서 차로 15분 거리지만 대기하는 데만 매번 2시간 이상이다. 하지만 이곳의 딸기 타르트를 입에 넣는 순간 2시간 기다리는 정도는 참을 만하다는 생각이 든다.

할렘에서의 브런치

브런치는 뉴요커들에게는 화려하게 꾸미고 싶은 일상이다. 평소 점심시간 없이 일하기 때문에 주말에는 아침 겸 점심인 브런치에 큰 의미를 부여한다. 친구를 만나거나 혼자 한가한 주말을 즐기기 위한 일종의 문화다. 맨해튼에는 가볼 만한 브런치 식당이 셀 수 없이 많다. 내가 가본 가장 특이한 브런치 레스토랑은 할렘가에 있는 에이미 루스Amy Ruth's다. 미국 남부 음식을 전문으로 하는 곳인데 회사 동료에게 추천을 받아 어느 주말 아침에 이곳을 찾았다.

입구에 들어서면 한쪽 벽면 가득 장식해놓은 흑인 배우들의 사진이 눈에 띈다. 메뉴도 독특하다. 오바마 대통령이 좋아하는 바비큐 치킨은 '버락 오바마'이고, 가장 유명한 브런치 메뉴는 와플 위에 후라이드 치킨을 얹은 알 샤프턴Al Sharpton이다. 와플과 튀긴 닭의 조화를 상상할 수 없었는데 생각보다 맛이 잘 어우러졌다. 관광객들에게는 흔히 파스티스Pastis나 사라베스Sarabeth's가 브런치 레스토랑으로 잘 알려져 있지만 할렘에서 브런치를 맛보는 것도 재미있는 추억이 될 듯하다.

MoMA

뉴욕에 살면서 가장 행복한 일 중 하나는 집과 10분 거리에 MoMA가 있다는 것이다. 이곳에는 전 세계적인 고전부터 컨템포러리한 작품까지 다양한 장르가 전시되어 있다. 건축, 회화, 조각, 사진, 디자인, 영화 등 약 15만 점의 작품이 있다고 하니 현대미술의 전부를 볼 수 있다 해도 과언이 아니다.

반 고흐의 〈별이 빛나는 밤〉, 피카소의 〈아비뇽의 처녀들〉, 모네의 〈수련〉, 모딜리아니, 세잔, 클림트 등 유명 작가의 작품을 직접 보기 위해 MoMA 앞에는 아침부터 긴 줄이 선다. 건물 규모가 큰데도 그 면적이 무색할 만큼 전시실마다 북적인다. 샤갈의 〈꿈꾸는 마을의 화가〉와 모네의 수련 시리즈는 볼 때마다 새로운 느낌이고, 앤디 워홀의 캠벨 수프 시리즈는 매번 미소가 지어진다.

MoMA에는 감탄사가 절로 나오는 몹시 난해한 작품도 있다. 올해 초에 '행위 예술'의 대모, 마리나 아브라모비치의 'The Artist is Present 예술가가 여기 존재한다'라는 특별 기획전이 열렸다. 잔뜩 기대했는데 그곳에서 본 건, 나체의 여자가 자신의 몸 위에 해골을 올려놓고 있는 퍼포먼스였다. 아티스트는 대놓고 말하기 힘든 세상의 터부를 온몸으로 겪는 무시무시한 도전이었다고 하는데 그다지 예술적이지 못한 내가 보기에는 그저 어렵고 거북했다.

MoMA의 또 다른 매력은 테라스 5 Terrace 5라는 카페다. 이곳은 테라스에 앉아 커피와 케이크를 즐기며 1층 정원에 전시된 조각 작품을 한눈에 감상할 수 있는 멋진 곳이다. 뉴욕에서 맛본 중 단연 최고일 정도로 커피가 맛있는 데다 공짜로 리필도 해준다. 이 특별한 티타임이 있어 MoMA가 더 좋다.

Dessert

뉴요커들은 메인 식사를 조금 남기는 한이 있어도 반드시 디저트를 먹는다. 디저트가 없으면 제대로 식사를 하지 않았다고 생각하는 사람이 많아 디저트 전문 레스토랑도 상당하다. 내가 좋아하는 디저트 가게는 이스트 빌리지에 있는 치카리셔스Chikalicious라는 곳으로, 테이블이 5개밖에 되지 않는 아담한 가게다. Chika라는 이름의 일본계 주인이 운영하는 디저트 레스토랑인데 워낙 테이블이 적어 한 시간은 기다려야 음식을 맛볼 수 있다. 이곳은 폭우가 쏟아지는 날에도 줄을 서서 기다리는 사람이 있을 정도로 인기가 많다. 3코스로 나오는 디저트 메뉴를 주문하면 일본 만화에 나오는 인상 좋은 캐릭터 같은 Chika 아주머니가 직접 디저트에 대해 설명해준다.

어퍼 이스트 사이드에 있는 세렌디피티Serendipity라는 곳은 영화 《세렌디피티》의 남녀 주인공이 따뜻한 코코아 위에 아이스크림을 올린 '프로즌 핫 초콜릿'을 먹는 장면이 나와 유명해졌다. '뜻밖의 행운'이라는 뜻의 이곳은 특히 크리스마스 시즌이 되면 영화 속 연인을 따라 하는 커플로 가득하다.

타임스퀘어 근처에는 교토푸Kyotofu라는 디저트 가게가 있는데 이곳은 간판이 없지만 디저트를 사랑하는 뉴요커들 사이에 입소문으로 유명해졌다. 내가 사는 곳에서 가까워 밤늦게 디저트를 먹으러 자주 가는데, 모든 디저트가 두부로 만들어져 그나마 살찔 걱정을 덜 수 있다. 두부로 만들었다는 사실을 잊을 만큼 이곳의 '미소 초콜릿 케이크'와 '두부 아이스크림'은 참 맛있다.

첼시 마켓에 있는 에이미스 브레드Amy's Bread도 입소문으로 유명해진 곳이다. 신선한 빵을 사기 위해 새벽 6시부터 사람들이 줄을 선다. 특히 초콜릿 쿠키는 뉴욕에서 가히 최고라 할 수 있다.

《섹스 앤 더 시티》에 나와 더 유명해진 마그놀리아 베이커리Magnolia Bakery의 컵케이크는 설명이 필요 없을 만큼 많은 사랑을 받았지만 요새 뉴요커들의 마음을 사로잡은 컵케이크 가게는 첼시에 있는 빌리 베이커리Billy's Bakery다. 마그놀리아 베이커리의 창립 멤버 중 한 명이 나와서 만든 가게로 특히 '레드 벨벳 컵케이크'가 유명하다. 이곳 역시 길게 줄을 서야 한다.

Cafe Habana

Joe's Pizza

Nougatine at Jean Georges

Five Napkin Burger

Amy Ruth's

Magnolia Bakery

Serendipity

Terrace 5

MoMA

뉴욕의 심장, 센트럴 파크

뉴욕의 봄은 꽤 새침하다. 기간도 짧고, 따뜻한 햇살과 포근한 날씨가 익숙해질 즈음 폭우가 쏟아지거나 구름이 뒤덮인다. 뉴요커들은 봄바람이 살랑이는 4월이 되면 남녀노소 할 것 없이 거리로 나온다. 그들이 가장 많이 모이는 곳은 센트럴 파크다. 이곳은 '뉴욕의 심장'이라 불릴 정도로 뉴요커들에게 중요한 삶의 일부이자 자존심이다.

나는 햇살이 좋은 날이면 퇴근 후 미리 준비해둔 운동화를 신고 60번가, 센트럴 파크가 시작되는 콜럼버스 서클로 향한다. 회사를 나와 복잡한 브로드웨이를 지나 15~20분 정도 걷다 보면 웅장한 도심 속의 푸른 숲이 나를 반긴다. 따스한 햇볕을 쬐어 좋고, 무엇보다 사람 구경에 시간 가는 줄 모른다.

강아지 20마리와 산책하는 남자, 쌀쌀한 날씨에도 일광욕을 즐기겠다고 비키니 차림으로 풀밭에 누운 여자, 관객이 없어도 자신의 연주에 흠뻑 빠져 나무 밑 그늘에 자리를 잡고 멋지게 첼로를 켜는 악사, 영상 10도의 날씨에 웃통을 벗고 모자에 장갑을 끼고 조깅하는 사람, 자전거를 타는 아이, 노트북을 가지고 키보드를 두드리는 사람. 그들을 보면 바쁜 맨해튼에서 휴식이 되어주는 센트럴 파크의 중요성을 알게 된다.

이곳에 모인 사람들의 공통점은 여유 있어 보이는 것이다. 세계를 움직이는 1퍼센트가 바쁘게 모여 산다는 뉴욕이지만 센트럴 파크에서만은 한 박자 쉬어가는 여유가 있다. 그것이 짧지만 한없이 푸르고 싱그러운 뉴욕의 봄에 대한 최소한의 예의이고, 늘 긍정적인 삶을 살고 싶어 하는 뉴요커들의 본모습인 듯하다. 바쁜 뉴요커와 여행에 지친 여행자의 목마름을 채워주는 오아시스 같은 센트럴 파크를 많은 이들이 깊이 사랑한다.

센트럴 파크는 59번가부터 110번가까지 무려 4킬로미터의 숲이 웅장하게 뻗어 있는 큰 공원이다. 규모는 샌프란시스코의 골든 게이트 파크나 시카고의 링컨 파크와 비슷하지만 방문객 수는 연간 2,500만 명이 넘는 미국에서 가장 유명한 공원이다.

봄이 되면 너 나 할 것 없이 베이글 샌드위치를 싸가지고 나와 푸른 싹이 돋는 나무 아래서 점심을 먹고, 여름이 되면 뉴욕 필하모닉 오케스트라의 무료 공연을 즐긴다. 가을이 되면 낙엽이 떨어지는 공원 곳곳에서 웨딩 촬영을 하고, 겨울이 되면 아이스링크와 각종 겨울 스포츠 이벤트가 열린다. 센트럴 파크는 가히 뉴욕의 심장이라고 할 수 있다.

이렇게 365일 뉴욕 일상의 한 부분에 깊이 들어와 있는 센트럴 파크에서 난 참으로 많이 울었다. 혼자 산책을 하다가 날씨가 화창해서 울고, 함께 걸을 수 있는 사람이 없어서 울고, 갑자기 가족이 보고 싶어 엄마와 통화하다가 울고, 스트로베리 필즈Strawberry

Fields에서 비틀즈의 노래를 부르는 한 팬의 기타 소리가 쓸쓸해서 울었다. 겉으로는 씩씩한 척해도 숨 쉴 틈 없는 뉴욕의 경쟁 구도에서 나만 한없이 작아지는 것 같아 답답하고 불안한 마음에 울고, 전화를 매몰차게 끊고 인사조차 받지 않는 월 스트리트의 콧대 높은 투자은행 CEO들과 한바탕 전쟁을 치른 날에도 눈부신 센트럴 파크는 내 눈물을 받아주었다. 푸르고 화사한 센트럴 파크가 왜 나에게는 그리 슬픔으로 다가왔는지 모르겠다.

워낙 큰 규모와 볼거리 때문에 센트럴 파크를 하루에 다 보기란 거의 불가능하다. 이곳을 즐길 수 있는 좋은 방법은 자신이 좋아할 만할 곳을 미리 정해서 지도를 보고 찾아가는 것이다. 나 역시 내가 좋아하는 곳만 콕 집어서 가는 편이라 못 가본 곳이 많다.

내가 가장 좋아하는 곳은 레스토랑 보트 하우스Boat House이다. 산책을 하고 이곳의 야외 테라스에서 마시는 레모네이드는 가히 최고라 할 수 있다. 가게 앞에 작은 호수가 있는데 테라스에 앉아 쉬고 있으면 보트 안에서 책을 보는 사람들, 그림을 그리는 사람들, 뽀뽀를 하는 연인들의 모습도 종종 볼 수 있다.

두 번째로 좋아하는 장소는 셰익스피어 가든Shakespeare's Garden이다. 특이한 이름 때문에 일부러 찾아갔는데 알고 보니 큰 공연장이 있는 잔디밭이었다. 이름에서 기대한 아기자기함은 없지만 자유롭게 앉아 책을 보거나 누워서 낮잠을 자는 사람들이 참 평화로워 보였다. 이곳은 매해 열리는 뉴욕 필하모닉 공연 때 가장 분주하다.

'뮤직 인 더 파크Music in the Park' 시리즈 중 가장 규모가 큰 이벤트로, 저녁 8시에 시작하는 공연을 보기 위해 몰려드는 사람들로 발 디딜 틈이 없다. 미리 와서 자리를 잡고 앉아 낡은 라디오에서 나오는 음악에 맞춰 춤을 추는 사람도 있고, 돗자리나 담요를 펼쳐놓고 준비해온 피크닉 음식과 와인을 꺼내 만찬을 즐기는 사람도 있고, 예쁜 초를 켜고 사랑하는 연인과 별을 바라보는 사람도 있다. 미국은 야외에서는 음주가 금지되어 있지만 이날은 필하모닉의 아름다운 선율과 함께 와인 한두 잔 마시는 것쯤은 눈감아주는 듯하다.

쉽 메도우Sheep meadow라는 곳은 셰익스피어 가든보다 훨씬 더 넓은 잔디밭이다. 처음에 공원을 만들 때 양을 방목해서 붙여진 이름이라고 하는데, 이곳에서 자유롭게 누워 선탠을 하는 사람들을 보면 가끔 양 떼 같다는 생각이 든다.

베데스다 테라스Bethesda Terrace는 중세의 멋진 궁전을 연상시키는 만남의 광장 같은 장소다. 《가십걸》에 자주 등장해서인지 물의 천사상 앞은 늘 관광객으로 북적인다. 분수 맞은편에 위치한 건물에 들어서면 햇볕을 피해 그곳에서 연주하고 있는 길거리 악사들의 아름다운 선율을 들을 수 있다. 물론 공짜로 말이다.

뉴욕의 심장이 센트럴 파크라면 뉴욕의 '허파'는 바로 도시 곳곳에 있는 작은 공원이다. 미드타운에 살고 있는 내가 가장 자주 가는 공원은 바로 브라이언트 파크다. 뉴욕 공공 도서관 옆 42번가와 6애비뉴 선상에 있는 이곳의 규모는 센트럴 파크와 비교가 안 될 정도로 작지만 알찬 여름 이벤트로 사랑받는다. 1840년까지는 공동묘지였다는데 지금은 뉴요커 특히 타임스퀘어에서 일하는 사람들에게 더할 나위 없는 휴식처다. 여름에는 점심 동안 《시카고》나 《라이온 킹》 같은 유명한 브로드웨이 공연을 짤막하게 보여주는 '브로드웨이 인 더 파크Broadway in the Park' 시리즈가 있어 뮤지컬을 보며 멋진 야외 식사를 할 수 있다. 무료 필라테와 요가 클래스를 운영하기도 하고, 어른도 탈 수 있는 회전목마도 있다. 그중 내가 가장 좋아하는 행사는 바로 여름 영화 이벤트다. 이곳에서는 여름이 되면 매주 월요일 저녁에 대형 스크린으로 영화를 상영한다. 1960~70년대 아카데미상을 받은 클래식한 작품이 주로 나오는데, 영화 자체보다 해가 뉘엿뉘엿 넘어가는 시각부터 잔디밭에 담요를 깔고 누워 있는 느낌이 참 좋다. 높은 빌딩 숲 사이에 숨어 있는 작은 푸른 숲, 그곳에 누워 하늘을 바라보는 느낌. 그때만은 맨해튼의 분주한 소리가 잠시 멎고 평온함이 찾아든다.

뉴욕이 준 선물

어릴 때는 참 많은 게 문제로 느껴졌다. 어떤 사람은 너무 욕심이 없어서 문제였고, 어떤 사람은 반대로 너무 열심히 살아서 문제였다. 또 어떤 사람은 너무 무심해서 문제였고, 어떤 사람은 너무 잘해줘서 문제였다. 샐러드를 먹을 때 노른자를 안 먹는 사람도 문제였고 심지어 오른팔이 왼팔보다 조금 더 긴 사람도 문제라고 생각했다. 돌이켜보면 문제는 나에게 있었다. 잘해줘도 짜증, 못해줘도 짜증. 모든 사람들에게 분명 나와 맞지 않는 문제가 있을 거라 단정 짓고 선입견을 가지고 그들을 대했다. 그래서 일부러 상대를 지치게 하고 누군가 사랑을 고백해도 진심으로 받아들이지 않았다. 20대의 나는 그토록 어리고 어리석었다. 나의 많은 문제마저 감싸안고 받아들인 사람들 앞에서 잘난 척했다. 30대에 들어선 지금 그들을 만나면 지난날이 창피해 차마 웃는 얼굴로 인사할 자신은 없지만 용기 내서 말하고 싶다. 그때 미안했다고.

기를 쓰고 노력해도 그 나이가 되지 않으면 보이지 않는 세상의 진리가 있다. 10대에는 아무리 어른인 척해도 마음이 물렁해 쉽게 다치고 상처받는다. 그렇지만 상처가 물렁하기에 금세 아물고, 그 경험을 통해 교훈을 얻어 단단한 새살이 돋는다. 20대가 되면 10대 때의 유치한 행동을 부끄러워하고 한편으로 자신이 다 컸다고 생각한다. 그렇지만 30대가 되면 20대의 그 행동 또한 얼마나 어리석었는지 깨닫는다. '지금 내가 알고 있는 걸 그때도 알았다면'은 그저 바람일 뿐, 아무리 귀에 못이 박히도록 들어도 그 나이가 되기 전에는 100퍼센트 이해하지도 공감하지도 못한다.

흔한 말로 '사람은 때가 있다'고 한다. 공부에, 연애에, 돈을 버는 데 때가 있다. '때가 있다'는 건 어떤 일을 가장 효과적으로 할 수 있는 시기가 정해져 있고 그때 하지 않으면 이루기 힘들다는 의미를 내포하고 있다. 아무리 부정하려 해도 그 나이에 맞는 일과 고민과 과정이 있다. 그런 의미에서 어쩔 수 없이 30대는 결혼을 하고 가정을 꾸리는 때다. 사회적 '순리'가 만들어놓은 일종의 타이밍이다. 하지만 그런 고정관념에 얽매여 굳이 마음에 없는 결혼을 하고 가정을 꾸리고 싶지는 않다. '남들 다 하니까' 나도 하기에 30대는 아직 너무 아까운 나이기 때문이다.

세상을 '적절'이라는 기준에 맞춰 넘치지도 모자라지도 않게 적당히 사는 게 현명함이라면 난 서른에도 마흔에도 '적절'이라는 잣대로 저울질하고 싶지 않다. 그것이 이제껏 열심히 서른 해를 살아온 인생에 대한 예의라 생각한다.

절대 잊을 수 없다 했던 일을 잊고, 절대 용서할 수 없다 했던 일을 용서하며 어린아이에서 어른이 된다는 말이 있다. 이런 변화를 성숙 혹은 타락이라 부른다. 서른의 내게 하고 싶은 약속은, 세상과 타협하는 방법을 터득하기보다 가끔은 무조건적인 믿음을 갖는 그런 꿈꾸는 바보가 되겠다는 것이다. 마흔이 되어 지금의 나를 돌아봤을 때 후회만 가득하더라도 말이다. 그것이 '적절'의 잣대가 없는 뉴욕의 자유로움이 서른의 내게 준 선물이자 교훈이다.

나이를 잊다

뉴욕에 와서 멋진 사람들을 많이 만났는데 그중 한 명이 '베어벨'이다. 나의 뉴욕 '적응 도우미'였던 그녀는 50대의 할머니로, 직업은 relocation officer다. 미국에서도 아직 생소한 이 직업은 다른 곳보다 유달리 복잡하고 적응하기 힘든 뉴욕 생활을 돕기 위해 회사 측에서 고용한 소위 '빠삭한' 뉴요커다. 면허증을 따는 일, 은행 업무, 이사에 심지어 집에 인터넷이나 텔레비전 설치 예약을 잡아주고 6개월간 일주일에 한두 번 전화를 걸어 생활에 불편함이 없는지 체크한다.

이런 직업은 주로 젊은 사람이 많을 거라 생각하고 친구처럼 지낼 적응 도우미를 원했는데 50대 중반은 되어 보이는 할머니를 보고 처음에는 깜짝 놀랐다. 그녀는 내가 뉴욕에 도착한 바로 다음 날 아침에 과일과 주스, 베이글을 챙겨서 숙소로 찾아왔다. 그날 함께 리무진을 타고 맨해튼 투어를 하고, 나와 잘 맞는 동네를 찾아준다며 부동산 중개인 역할도 해주었다. 그녀는 회사에서 고용한 부동산 중개인보다 뉴욕 곳곳을 더 자세히 알 정도로 뼛속까지 뉴요커였다.

작년 패션위크 때, 그녀는 함께 저녁을 먹고 쇼핑을 하자며 나를 미트패킹으로 불러냈다. 뉴욕 패션위크는 1년에 2번 열리는데, 이름을 막 알리기 시작한 디자이너부터 유명 디자이너까지 자신의 작품을 선보이는 그야말로 패션 축제다. 이 기간에 대부분의 가게가 11시까지 연장 근무를 해서 늦은 시간까지 쇼핑을 즐길 수 있다.

미트패킹에서 만난 그녀는 하얀 스키니진에 멋스러운 검정 실크 블라우스를 입고 있었다. 이틀째 밤늦도록 패션위크를 즐기는 그녀를 보며 도대체 저 '연세'에 어디서 저런 에너지가 나오는지 존경스러웠다.

미트패킹에서 가장 유명한 레스토랑 중 하나인 파스티스Pastis에서 저녁을 먹으며 그녀의 파란만장한 뉴욕 생활기를 들었다. 그녀는 오스트리아 비엔나에서 태어나 20대 중반에 의사인 남편을 따라 뉴욕에 처음 왔다고 했다. 처음에는 영어를 한마디도 하지 못해 남편이 출근하고 나면 온종일 텔레비전을 켜놓고 영어 공부를 했다. 그렇게 3년을 보내고 제법 영어가 익숙해질 즈음 남편이 다른 여자를 사랑하게 되었다고 이혼을 요구했다. 친정에서는 다시 비엔나로 돌아올 것을 권유했지만 그녀는 혼자 이 이방인의 도시에 남기로 결정했다. 남편과 헤어지고 집도 돈도 없던 그녀는 당장 먹고살기가 아득해 프랑스 레스토랑에서 주방 보조와 서빙을 하며 주인 몰래 식당에서 생활했다. 그러던 중 우연히 한 패션 디자이너에게 발탁되어 유럽인 특유의 큰 키와 마른 몸매, 넓은 어깨 덕에 모피와 양털류의 패션모델로 활동했다. 모델로서의 화려한 삶을 살다 30대 후반에 맨해튼의 낡은 건물을 리노베이션해 레스토랑으로 만드는 컨설턴트가 되었고, 우리가 함께 식사한 그곳은 그녀가 작업한 마지막 레스토랑이었다. 컨설턴트 일을 그만두고 뉴욕 생활 도우미로 일하고 있는 지금도 그녀의 명성은 어디든 퍼져 있는 듯했다. 주말 저녁은 예약이 불가능할 정도로 유명한 파스티스에서 가장 좋은 자리에 서비스로 와인까지 내주고, 쇼핑을 하기 위해 들른 알렉산더 맥퀸Alexander McQueen 샵에서는 매니저가 그녀를 알아보고 VIP 대접을 하며 샴페인을 따라주었다. 그날 그녀와 패션위크를 즐기며 50대 할머니와 함께 있다는 생각이 단 한 순간도 들지 않았다.

30대 후반에 지금의 남편과 결혼해 대학생 아들을 둔 그녀는 뉴욕에서 온갖 고생을 다했지만 비엔나로 돌아가지 않은 걸 후회하지 않는다고 했다. 맨해튼이 아니면 세상 어디에서도 살고 싶지 않다고, 그만큼 이 도시를 사랑한다고 했다. 내가 맨해튼의 중심인 타임스퀘어 말고 좀 더 안정되고 널찍한 뉴욕 외곽으로 가고 싶다고 했을 때 누구보다 반대한 사람도 그녀였다.

맨해튼의 쉬지 않는 에너지가 나이를 잊게 한다고 말하는 그녀의 모습이, 그 말이 참 멋있다고 생각했다. 주말이면 허드슨 강을 내려다보며 화려한 과거를 추억하고 그보다 더 멋진 날이 남아 있음을 감사한다는 그녀는 50대를 30대처럼 사는 멋쟁이 뉴요커 할머니다.

20대, 만끽하라

20대의 나는 이기적이고 욕심이 많았다. 대학교 때는 우수 졸업을 하지 않으면 세상이 끝날 것 같았고, 기자가 되고 나서는 남들보다 먼저 특종상을 타지 않으면 큰일 나는 줄 알았다. 20대의 마지막 봄에는 뉴욕에 오지 않으면 곧 죽을 것 같았다.

어렸을 때부터 평지보다 가파른 벽이 좋았다. 천천히 걷는 것보다 조금 위험하지만 단숨에 정상에 오를 수 있는 길이 좋았다. 과정보다 결과가 중요했던 게 아니라 가파른 길을 가는 사람은 그만큼 철저히 장비를 챙기고 미리 연습한다고 믿었다. 욕심은 남을 이기려는 얄팍한 수단이 아니라 노력의 원동력이라고, 쉽게 얻으려는 자는 가질 수 없는 일종의 특권이라고 생각했다.

그 때문에 나는 대학교를 졸업한 이후로 한 번도 휴식 시간을 가진 적이 없다. 처음 사회생활을 시작할 때도, 연합뉴스에서 로이터 통신으로 이직할 때도, 서울에서 뉴욕으로 올 때도, 1분 1초가 아까운 사람처럼 급하게 끝을 맺고 새롭게 시작했다. 한국에서 기자 생활을 하면서 언론 대학원을 다녔고, 5년간 평일 오전 7시에 아리랑 라디오의 시사 프로그램 게스트로 출연했다. 뉴욕에 온 뒤 책을 쓰겠다고 마음먹은 뒤에도 뉴욕대학교 파트타임 MBA에 지원하기 위한 준비에 바빴다. 하나도 제대로 매듭짓지 못하고 그렇게 내 한계만 늘려갔다. 누구든 어떤 일이나 사람과의 관계를 끝낼 때는 제대로 된 정리가 필요한데, 나는 그 어떤 여분의 시간도 허용하지 않고 새로 시작하는 일에 에너지를 쏟았다.

"넌 나이도 어리면서 뭐가 그렇게 다급하니?" 국제기구에서 일할 때 자주 듣던 말이다. 그때는 기자가 아닌 다른 일을 하고 있는 게 불안했고, 대학원에 가서 '스펙'을 쌓지 않고 곧바로 일을 시작한 게 잘한 선택인지, 현 직장에서 하는 일이 내 적성에 맞는지 끊임없이 조마조마하고 조급했다. 국제기구에서의 첫날부터 그만두는 날까지 한시도 가만두지 않고 나를 괴롭힌 건 스스로를 믿지 못하는 내 자신이었다.

10대와 20대가 다르듯 20대와 30대가 다르고, 마음도 세월이 갈수록 나이를 먹으며 점차 바뀌는 것 같다. 치열하게 살아온 20대를 돌이켜보면 나는 그때 왜 좀 더 주위를 만끽하지 못했는지 아쉬움이 든다. 미리 그다음 단계를 고민하고 걱정하느라 정작 그 순간을 즐길 줄 몰랐다.

물론 20대는 분명 도전의 나날이어야 한다. 어느 노래 가사처럼, 당장 힘들어도 열심히 달리면 분명 지겨울 만큼 오래 쉴 수 있는 시간이 주어진다. 다만, 치열하게 달려야 하는 힘들고 불안한 시기일지라도 그 순간을 좀 더 만끽하라고 말하고 싶다. 다른 사람의 것이 탐나고, 서둘러 높은 곳에 오르고 싶어도 한눈에 '이건 아니다, 저건 아니다' 단정 짓지 말고 좀 더 관대해지고 즐기길 바란다.

어떤 공부를 하거나 어떤 회사에 들어갔는데 막상 원하던 것이 아니더라도 급하게 다른 곳으로 눈 돌리지 말고 'benefit of the doubt' 즉, 의심이 가도 한번 믿어보는 찬스를 갖는 것도 나쁘지 않다. 그 일을 충분히 만끽할 기회를 자신에게 건네고 그 뒤에 다른 길을 택해도 결코 삶이라는 레이스에서 뒤처지지 않는다.

솔직히 이렇게 말하는 나는 아직도 참 다급하고 조급한 사람이다. 취재할 때도 사람과의 관계에서도 그렇다. 무엇이든 남보다 한 발짝 앞서거나 아니면 반 발짝이라도 이기고 싶어 안달한다. 그게 정석인 줄 알고 스물아홉 해를 살았으니 쉽게 고치지 못한다. 누가 공부를 하면 나도 다시 공부해 박사학위를 따야겠다는 생각에 조급하고, 누가 성과를 내면 그보다 큰 상을 받고 싶다. 심지어 누가 사랑을 하고 결혼을 하면 얼른 연애해서 결혼하고 아이를 낳아야겠다고 생각한다. 내 영역에 존재하지 않는 뭔가를 접하면 반드시 그걸 가져야 한다는 압박에 마음이 급해진다.

"Stop saying the best is yet to come and live the moment."
뉴요커들이 흔히 하는 말이다. 그리고 내 자신과 이 글을 읽고 있는 소중한 20대에게 해주고 싶은 말이다. 미래 지향적인 삶을 살아야 한다지만 지금에 충실하지 못하면 미래에 대한 준비도 부실해진다. 더 나은 미래에 집중하기보다 '지금도' 인생의 가장 행복한 때라 생각하며 만끽하고 즐기길 바란다.

30대, 가끔 멈춰서도 돼

그 어느 때보다 뉴욕에서의 짧은 1년간 나는 많이 성장했다. 미치지 않고 버틴 4년의 지옥 같은 대학 생활보다 지난 1년간 더 외롭고 지독한 성장통을 겪었지만, 견디고 나니 나는 조금 달라져 있었다. 의외로 'slow'의 삶을 살아가는 뉴요커들의 모습에서 내가 지금껏 얼마나 자신을 괴롭히며 살아왔는지 알았다. 눈 깜짝할 사이에 지나가는 하루, 빠르게 움직이는 월 스트리트에서 오히려 여유를 찾았다.

20대가 도전이라면 30대는 두 발짝의 도약을 위해 한 발짝 물러나 잠시 쉬어가는 때인 듯하다. '이렇게 살 수도, 이렇게 죽을 수도 없을 때 서른이 찾아온다'는 구절이 있는데, 이를 다르게 해석하면 30대는 꼭 이렇게 살지 않아도 꼭 이렇게 죽지 않아도 되는 어중간함 혹은 미지근함이 허용되는 시기가 아닐까.

위기나 실패는 때로 도약의 방편이 되지만 조급하게 다시 일어서려고 하기보다 잠시 그대로 멈춰 있는 것도 나쁘지 않은 듯하다. 계속 넘어져 있으면 문제가 되지만 가끔은 그저 고개 끄덕이는 정도의 넉넉함도 가져야 하지 않을까. 현재의 모습으로 충분하다고, 지금 잘하고 있다고 자신을 다독이며 말이다. 사람의 평균수명이 90세라고 하면 서른은 겨우 3분의 1지점이니 잠시 재충전의 시간을 가진다고 결코 늑장을 부리거나 뒤처지는 일은 아닐 것이다.

앞으로 해야 할 일들로 일상을 빽빽이 채우기보다 지금껏 해 온, 하고 있는 일을 삶의 목록에서 하나씩 지우는 여유를 가져야겠다. 앞만 보지 말고 가끔 뒤를 돌아보며 나에게 "참 잘해 왔구나." 혹은 "좀 잘하지 그랬니."라고 칭찬과 질책을 하면서.

서른 그리고

- ✓ '사랑'이라고 하기는 한없이 가볍지만 '아무것도' 아니라고 단정 짓기는 불공평한 그런 설레는 인연 하나는 있을 나이.

- ✓ '친구'라 하고 웃으며 결혼식에 초대할 수 있는 옛 남자친구 한 명 정도는 있을 나이.

- ✓ 스무 살의 무모했던 '열정'이 시간에 다듬어져 비록 크기는 줄었지만 제법 반듯하게 길이 나고 손때가 오른 나만의 '실력'이 되어 있을 나이.

- ✓ 세상에 사랑이 전부가 아니고, 일 역시 삶의 전부가 아님을 서서히 깨닫는 나이.

- ✓ '권력'을 쥐고 있는 덜 사랑하는 자에서 더 사랑하는 자가 되는 것도 나쁘지 않겠다는 생각이 드는 나이.

- ✓ '내 사람'을 알아볼 수 있는 마음의 눈이 생긴 나이.

- ✓ 웬만한 것은 그냥 넘길 수 있는 여유가 생겼지만 그렇다고 마냥 세상과 타협하기는 싫은, 겉으로는 쿨한 척하지만 아직 식지 않은 '뜨거움'을 간직한 나이.

내가 '서른'의 나이를 사랑할 수밖에 없는 이유는 참 많다. 엄밀히 따져 12월생이기에 만 29세라고 우기고 다니지만 사실 '서른'이라는 단어가 참 좋다. 그 나이가 만들어준 현재의 모습도 제법 마음에 든다.

겉만 번지르르한 이야기로 책 한 권을 메울 수는 있어도
결코 완성할 수는 없다. 인생도 마찬가지인 것 같다.
가본 길보다 가지 않은 길이 더 많은 나이지만 언젠가
나를 돌아봤을 때 "참 성실하게 써봤구나." 라는
말을 들을 수 있는 인생이고 싶다.

PART FOUR

나의 이야기

꿈이 없던 아이

내 자신을 책임질 나이가 되었다고 느낄 즈음 운 좋게 기자가 되었다. 누구의 딸 혹은 어느 학교를 나온 아이에서 온전히 내 이름 석 자로 서야 했을 때 정말 매력적인 소속을 찾은 것이다. 딱히 언제부터 기자라는 직업을 짝사랑했는지는 모르겠다. 그저 언론인이 되고 싶다는 갈증이 일 무렵, 한겨레 신문 안수찬 기자의 《기자, 그 매력적인 이름을 갖다》라는 책을 읽고 기자가 되고 싶다는 생각에 잠을 설친 기억이 난다.

대학 입학 전에는 뚜렷한 꿈이 없었다. 그저 좋은 학교, 높은 점수로 지원할 수 있는 학과를 선택하는 게 부모님이 원하는 일이라 생각했고 나 역시 그렇게 하고 싶었다. 당시 캐나다 오타와에 살았는데 부모님은 내가 하고 싶은 공부는 하되 캐나다에서 제일 큰 토론토대학에 들어가길 바랐다. 좀 더 큰 세상과 다양한 사람을 만나 시야를 넓히는 게 진정한 대학 생활이라 생각한 것이다. 나 역시 토론토대학에 가고 싶었다. 캐나다 최고의 명문대라는 것보다 오타와에서 벗어나고픈 마음이 컸다. 오타와는 캐나다의 수도이지만 토론토나 밴쿠버에 비하면 콩알만 한 도시였다.

결국 토론토대학 인문학부에서 커트라인이 가장 높은 학과 중 하나인 경영학과에 입학했다. 사실 나는 특출하게 공부를 잘하는 학생은 아니었다. 한국 학생이라면 누구나 가질 웬만한 점수로 웬만큼 좋은 학과를 간 것뿐이다. 그 후 내가 경영학에 전혀 관심이 없다는 걸 깨닫는 데는 그다지 오래 걸리지 않았다. 1학년 필수과목인 경제학과 회계학 수업은 무척 지루했고, 성적 또한 좋지 않았다. 미국이나 캐나다는 한국보다 대학 입학 과정은 덜 고생스럽지만 일단 들어가고 나면 그때부터 진짜 공부를 해야 한다. 특히 토론토대학에서는 학점이 좋지 않으면 가차 없이 강제 정학이나 퇴학을 당한다. 한국의 수험생처럼 공부해야 제때 졸업할 수 있는 곳이다. 고등학교 때 늘 전교 1등을 하지는 않았지만 그래도 나름 공부를 잘한다 생각했는데 1학년 때 받은 경제학과 회계학 점수는 가히 충격적이었다. 경영 학도가 되기는커녕 학교에서 잘릴 판이었다.

 의외로 선택과목 중 하나인 문예창작과 영문과 수업에서 점수가 잘 나왔다. 영문과 수업을 들으면서 무언가를 배우는 데 난생처음으로 재미를 느꼈지만 무작정 전공을 바꿀 수는 없었다. 한국인은 물론 동양인도 없는 영문과 수업에 들어가 나보다 글을 2배는 잘 쓰는 서양 학생들에 둘러싸여 있을 때는 좀 주눅이 들기도 했다. 아무리 외국에 오래 살았고, 한국어보다 영어가 더 편한 네이티브라도 결국 한국인 가정의 보수적인 부모 밑에서 자라 진정한 창작 앞에서는 현실적인 괴리를 느꼈다. 두려움 없는 글의 주제와 그것을 표현하는 대담함과 그 어떤 주제가 나오더라도 오목조목 마치 '어른'처럼 자신을 표현하는 다른 학생들에 비해 나에게는 과감함이 없었다. 그렇기에 남보다 배는 열심히 노력해야 했다.

 독창적이고 상상력이 풍부한 다른 학생들을 이기기 위해 내가 택한 건 '글'이었다. 그 누구보다 잘 쓰고 싶었다. 온갖 형용사로 화려하게 빛나는 게 아니라 부드럽게 읽히면서 간결하고 뭣보다 완벽하게 뜻이 전달되는 글을 쓰고 싶었다. 그러기 위해 하루에 2~3시간씩 일정한 주제를 정해 글을 썼다. 한 날은 30페이지가 넘는 장문의 글을 썼고, 한 날은 아무것도 쓰지 못하고 컴퓨터 모니터만 쳐다봤다. 그러다가 좀 더 효율적이고 생산적으로 글을 쓰기 위해 학보사에 지원했다. 이때부터 평생 하고 싶은 일에 대한 큰 틀이 다져지기 시작한 듯하다. 그리고 여기서부터 내 인생이 바뀐 것 같다.

처음 학보사에 들어갈 때는 취재의 기본인 5W-1H Who, What, Where, When, Why-How도 몰랐다. 거기다 인문학과도 아닌 동양 학생이 기자를 하겠다고 들어온 것에 대해 다른 학보사 기자들의 시선도 곱지 않았다. 아니 무관심했다고 보는 게 맞을까? '몇 주 지나 그만두겠지'라는 반응이 대부분이었다. 당시에는 나 역시 기자가 되고 싶거나 취재를 하고 싶은 마음은 없었다. 오로지 글을 쓰고, 학보사에 실린 내 글을 평가하고, 남들에게 평가받고 싶었다. 그때 내 꿈은 기사나 '끼적이는' 기자가 아니라 유명한 베스트셀러 작가였다.

학보사에서 칼럼이나 사설을 쓰고 싶었지만 마음대로 되지 않았다. 일단 그간 써온 글을 제출해 4학년 졸업반 에디터에게 평가받고 글을 잘 쓰는 사람은 바로 칼럼 쪽으로 빠지지만 그렇지 못한 사람은 가장 기본적인 스트레이트 기사부터 시작했다. 내 글을 본 에디터는 칼럼은커녕 가장 기본적인 소식란부터 맡으라고 했다.

처음부터 좋은 평가를 받으리라 기대하지는 않았지만 막상 비평이 쏟아지자 오기가 생겼다. 어떻게 하면 글을 더 잘 쓸 수 있을지 고민하다 결국 전공을 바꿨다. 1학년을 마치고 부모님 몰래 영문학과로 옮겼다. 아무런 상의 없이 혼자 결정을 내린 건 반대에 부딪힐 거라는 걱정 때문이기도 했지만 그보다 내가 과연 잘할 수 있을지 의구심이 들었다. 경영학과는 시험으로 객관적인 성적을 내지만 영문과는 모든 시험이 에세이였다. 얼마나 매력적인 글로 생각을 풀어내느냐가 관건이고, 평가는 교수님의 지극히 주관적인 판단에 달려 있다. 내 부족한 글 실력으로는 감동이나 감명을 주기는커녕 제대로 점수조차 받지 못할 것 같았다.

2학년이 되어 영문학과 수업을 들으며 매일 자괴감에 시달렸다. 현대문학비평 수업의 첫 과제는 보기 좋게 D를 받았다. 기본기 없이 기교만 부리는 글이 문제였다. 고등학교 때도 받아본 적 없는 D학점을 대학에 와서 받으니 충격적이었다. 나름 열심히 했는데 1년 전 학보사에 들어가 소식란이나 쓰던 때와 별반 달라진 게 없이 제자리였다. 글쓰기 과외라도 받고 싶은 심정이었다. 다시 글의 바탕을 배우기 위해 학보사 일에 매진했다. 꼭 사설을 써야겠다는 욕심을 버리고 천천히 글의 기본부터 다져나갔다. 그리고 다시 1년이 지났을 때 '사람과 소통하는' 기자라는 직업에 매력을 느끼고 기자가 되면 어떨까 하는 생각을 했다. 그러면서 학보사 생활은 대학 생활에 큰 부분을 차지하게 되었고, 졸업 즈음에는 자연스럽게 언론사 시험을 준비하고 있었다.

사실 이때까지도 작가가 되고 싶었지만 책을 쓰기에는 실력이 부족함을 인정하고 포기한 상태였다. 매일 글을 쓸 수 있는 직업을 궁리하다 기자가 되기로 하고 뉴욕 타임스, 워싱턴 포스트, 시카고 트리뷴, 글로브 앤 메일에 지원했다.

4곳 정도면 충분하다 생각했는데 돌아온 대답은 전부 'No'였다. 미국의 언론 매체는 공채가 거의 없기 때문에 대개 작은 신문사나 방송사에서 인턴으로 일을 시작해 경험을 쌓고 점차 규모가 있는 곳으로 옮긴다. 그런데 경력도 실력도 없이 지원했으니 어찌 보면 'No'가 당연했다. 그쪽에서 "너 미쳤니?"라고 묻지 않은 것만으로 고마워해야 할 판이었다.

그렇지만 당시 내게는 꽤 큰 시련이었다. 학교와 학보사에서 나름 개성 있는 글과 기사를 쓰며 잘나간다고 착각하던 때 찾아온 공식적인 실패였다. 부모님의 반대를 무릅쓰고 영문과로 옮겼고, 학보사 일에 최선을 다했는데 내 선택이 옳았음을 증명할 만한 결과가 없다는 사실에 다시는 기자라는 직업을 떠올리고 싶지 않았다. 더 비참한 건, 내 밑에 있던 3학년 학보사 기자는 내가 지원한 그 신문사에서 졸업 후 와달라는 스카우트 편지를 받았다. 그 친구는 16살에 책을 낼 정도로 뛰어난 실력의 소유자였으니 어찌 보면 당연한 일인데도 당시에는 그 사실을 인정할 수 없었다. 내 실력이 그 정도도 안 된다는 생각에 글 쓰는 직업에 회의를 느꼈다.

그러고 나서 국제기구에 지원했다. 지금 생각하면 그만한 좌절을 견디지 못한 게 부끄럽지만, 자존심이 강한 탓에 그때는 더는 언론사가 내 길이 아니라 여겼다. 나 자신보다 남에게 어떻게 비춰 질까 두려워 아무렇지 않은 척 인생길을 바꿨다. 글이라는 높은 벽에 부딪혔을 때 그 벽을 뛰어넘을 힘도 자신도 없었다. 결국 포기해야 한다고 마음을 굳히자 그간 노력한 나에 대한 미안함과 동시에 홀가분했다.

신의 직장을 버리다

내가 인턴으로 근무했던 국제공업개발기구는 오스트리아 비엔나에 본부를 두고 있다. 개발도상국의 공업적 개발을 돕기 위해 프로젝트를 만들고 그것을 실행하고 집행하는 곳이다. 나는 아시아 태평양 지역의 실업률 개선을 위해 프로그램을 개발하는 부서에서 말레이시아와 필리핀, 동티모르 등 동아시아 지역을 담당했다. 고용 프로그램 단 하나를 만들더라도 그 나라에 대한 철저한 조사와 분석이 필요한 일이었다. 그곳 사람들은 가끔 농담으로, 자다가도 그 나라에 대한 질문이 나오면 바로 답할 수 있어야 프로그램을 만들 수 있다고 했다. 국제기구의 가장 궁극적인 목적은 인류를 위한, 인류의 삶의 질을 높이는 것이다. 그렇지만 나는 인류를 위해 일하기보다는 비엔나라는 도시와 사랑에 빠졌던 것 같다.

유럽의 고풍스러움을 간직한 동화 같은 도시 비엔나. 나는 그 아름다운 도시에서 일하는 시간보다 사무실 창가에 서서 도나우 강을 바라보는 시간이 더 많았던 것 같다. 도나우 강의 출렁이는 물결이 햇살을 만나 반짝이는 모습은 마치 천연의 보석 같았다.

함께 인턴으로 일하던 동료들은 세계 각국의 재원들이었다. 석사학위는 기본이고, 아프리카의 물 부족 사태에 대한 박사논문으로 타임지에 이름을 올린 사람도 있었다. 나보다 더 많은 경력과 지식을 지닌 이들과 일하며 함께 발전할 수 있는 건 흔치 않은 기회였다. 하지만 하고 싶은 일이 따로 있다는 게 문제였다. 꿈을 향한 20대 초반의 열정은 무서울 만큼 강하고 깊었다.

한번은 퇴근길에 우연히 오스트리아 사회민주당 당사 앞을 지나는데 마침 총선에 이긴 것을 축하하는 파티가 벌어지고 있었다. 궁금함에 안으로 들어갔다가 그곳을 열심히 취재하고 있는 기자들을 보았다. 순간 그들이 몹시 부럽고, 어서 정치부 기자가 되어 긴박한 선거 상황을 전하고 싶었다.

대학교 4학년이 되어 기자로 진로를 정할 때, 흔한 말로 '칼보다 힘이 있는 펜'을 들고 싶다거나 '세상을 바꾸기' 위한 건 아니었다. 그저 작가가 되도 부족한 글 실력으로는 밥도 못 먹고 살 것 같아 매일 글을 쓰고 돈도 벌 수 있는 일을 찾다 기자가 되기로 결심했다. 그래서인지 처음 언론사 도전에 실패했을 때는 굳이 기자를 하지 않아도 잘 살 수 있을 거라 생각했다. 스스로 꿈을 저평가한 것이다. 그런데 이상하게 기자가 되기를 포기하자 더 기자가, 언론인이 되고 싶어졌다. 아이러니하게도 꿈을 포기했다고 스스로 인정했을 때 비로소 나는 내 꿈의 크기를 제대로 평가할 수 있었다. 그때 국제기구를 그만두고, 기자가 되기로 다시 마음먹었다.

늘 마감에 쫓기고 취재거리를 찾아 발품을 팔며 자주 '험한 꼴'을 봐야 하는 직업을 막내딸이 하겠다니 아버지는 무척 반대하셨다. 아버지는 나를 포기시킬 생각으로 혹독하기로 소문난 한국의 기자 훈련 과정을 견디면 더는 반대하지 않겠다고 했고, 나는 그길로 한국행 비행기를 탔다.

　　로이터 통신 서울 지사에서 인턴으로 일하며 언론사를 알아봤다. 여러 언론사에서 공고가 나긴 했지만 신중하고 싶었다. 국제기구처럼 6개월 만에 뛰쳐나오는 실수를 저지르고 싶지 않았다. 오랜 고민 끝에 선택한 연합뉴스는 내가 꿈꾸던 곳과 일치했다. 미국의 AP 통신처럼 전방에서 취재하고 기사를 쓸 수 있었고, 영문으로 뉴스를 작성하는 기자를 뽑는다니 더할 나위 없는 찬스였다.

　　시험 준비는 생각보다 만만치 않았다. 사전보다 두꺼운 상식책과 매일 씨름하고, 중학교 이후로 쳐다보지 않은 한자 책을 다시 꺼내서 공부했다. 기사 작성은 물론 작문, 사설까지 공부했다. 외롭고 힘들고 불안한 과정이었지만 꿈에 한 걸음씩 다가간다는 기분에 그 어느 때보다 행복했다. 서류가 통과되고 시험을 치르고 면접을 보고 초조하게 발표를 기다리던 날들도 국제기구에서 일하던 때보다 훨씬 행복했다. 꿈이 이뤄질 거라는 바람, hope가 있었기에.

　　그리고 2005년 1월 1일, 드디어 꿈에 그리던 기자가 되었다. 연합뉴스는 첫눈에 반한 첫사랑과 같은 곳이다. 태어나서 처음으로 가족 같은 동기들을 만났고, 욕을 하면서 가차 없이 혼내지만 일이 끝나면 꼭 밥을 사주며 수고했다고 격려하는 선배들을 만났다. 가족 없이 혼자 한국에 나와 있는 내게 연합은 따뜻한 곳이었다. 그리고 무엇보다 25년 중 17년을 외국에서 살아온 나에게 한국에서 기자를 해야겠다는 마음을 굳히게 한 매력적인 곳이다.

사람 냄새나는 기자

언니는 1월에 태어났고 나는 같은 해 12월에 태어났다. 우리는 어려서부터 학교를 같이 다니고 모든 것을 함께 해왔는데 결국 직업까지 같아졌다. 언니는 현재 한국의 대표 영어 방송인 아리랑TV에서 메인 뉴스를 전달하는 앵커로 일하고 있다.

언니에게 왜 언론인이 되었느냐고 물으면 미국 ABC방송의 간판 앵커였던 피터 재닝스Peter Jennings를 이야기한다. 2005년 4월, 제닝스는 진행을 맡고 있던 〈월드뉴스 투나잇〉에서 자신이 폐암에 걸렸음을 밝혔다. 그날 그는 프로그램 초반에 이 같은 사실을 전할 예정이었지만 목소리에 힘이 없다는 지적을 듣고, 후배에게 대신 진행을 부탁하고 자신은 사전 녹화를 통해 프로그램 끝에 등장했다. 그는 마지막 모습까지 철저히 언론인이었다.

그를 보며 언니는 '대중의 창'이 되어 소통하는 앵커가 되기로 결심했다고 한다. 대중이 보고 느끼고 판단할 수 있도록 정보와 지식을 전하고, 음지에 빛을 비추고 관심이 필요한 이웃을 돌아볼 수 있도록 안내하는 기자, 신뢰를 주는 인터뷰어, 뉴스의 최종 전달자로 대중의 버팀목이 될 수 있는 앵커가 언니가 바라보는 언론인상이다.

나는 딱히 언론인상이 없다. 개인적으로 기자가 좋은 직업이라고 생각하지도 않는다. 늘 스트레스와 마감에 쫓겨야 하는 일이기 때문이다. 기자치고 성격 좋은 사람 없는 건 한국이나 미국이나 세계 어디를 가든 매한가지다. 언론의 주 역할 중 하나인 감시자가 되기 위해, 특종 경쟁에서 밀리지 않으려고 매일 위액을 쏟아낼 만큼 신경을 곤두서야 한다. 아무리 천사 같은 사람도 이 바닥에 오면 예민하고 까칠하게 변하는 것 같다.

한국에 있을 때는 술에도 시달려야 했다. 수습 시절의 반은 술에 취해서, 반은 숙취에 허덕이며 일을 배웠다. 대학교를 졸업할 때까지 술을 한 모금도 마시지 못해, 수습 첫날 회식 자리에서는 "저는 알코올 분해 효소가 없어서 술을 못 마십니다. 술을 주지 않으시면 좋겠습니다."라고 당돌하게 말했다. 그러자 몇몇 선배가 '쟤 미친 거 아니야?'라는 표정으로 바라봤다. 무식하면 용감하다고 한국 사회는 물론 기자 생활은 더더욱 몰랐으니 그런 당돌함이 나온 것 같다.

그 후, 한 달이 채 지나지 않아 폭탄주 한 잔은 거뜬히 마시는 신참 기자가 되었다. 강력반 형사들의 대화에 끼어 사건을 하나라도 더 캐려면 일단 반장님이 따라주는 막걸리부터 한 잔 마셔야 했고, 매주 사회부 경찰 팀 회식에 가서 술을 못 마신다고 거절하는 것도 한두 번이지 슬슬 눈치가 보였다. 그렇게 한두 잔 마시다 보니 나중에는 술잔을 깨끗이 비우고 직접 폭탄주를 제조하기도 했다. 그 모습을 보며 동기들은 "넌 알코올 분해 효소가 없는 게 아니라 자신을 계발할 찬스가 없었던 거야."라고 우스갯소리를 했다. 한

번은 회사 앞 약국에 가서 술 깨는 약과 술에 덜 취하는 약을 달라고 하자 약사가 아주 자연스럽게 말했다. "연합뉴스 수습기자인가 보네." 그만큼 기자와 술은 뗄 수 없는 관계다.

술보다 더 힘들었던 건 신참 기자에 붙는 '죄인' 딱지다. 피의자의 겉옷이 트렌치코트인지 재킷인지 확인하지 않았다고 눈물이 쏙 빠지게 혼나고, 폭행 사건 피의자가 오른손으로 펀치를 날렸는지 왼손으로 펀치를 날렸는지 모른다고 불호령이 떨어졌다. 한번은 아들이 반찬이 맛이 없다며 어머니를 밥주걱으로 때린 사건이 있었는데, 밥주걱이 둔기인지 흉기인지 구분하지 못해서 새벽 내내 벌을 섰다. 기사를 못 써서 죄인이고, 무선 랜이 되는 곳을 찾다 용산역 바닥에 앉아 겨우 기사를 써서 보냈는데도 남보다 늦었다고 죄인이고, 경찰 경감과 경장과 경사의 순서를 못 외워서 죄인이 되었다. 심지어 나중에는 비가 오는 것도 눈이 오는 것도 내 잘못, 내 죄같이 느껴졌다.

언젠가 국제기구에서 함께 일했던 친구에게 기자가 되었다고 하자 "왜 너는 유명한 사람이 되려 하지 않고 그 사람을 인터뷰하고 싶어 하느냐."고 물었다. 그 친구의 말처럼, 기자는 늘 누군가의 뒤에 서서 결코 주인공이 될 수 없는 직업이다. 끊임없이 사람을 만나고 대통령부터 노숙자까지 동등하게 그들의 이야기를 듣고 잘한 일, 못한 일, 억울한 일을 낱낱이 파헤쳐 대중에게 알리는 역할이다.

수습 때는 잠자는 시간을 아껴가며 현장을 뛰느라 피부가 푸석해져도 '이야기'를 얻으면 참 기분이 좋았다. 어린 나이에 동생 학비를 벌기 위해 성매매 일을 하는 여자의 눈물을 보며 함께 울 수 있어 좋았고, 50년간 떡볶이 장사를 해서 번 돈을 장학금으로 기부하는 할머니의 고운 마음씨를 볼 수 있어서 좋았다. 머리는 냉철하고 가슴은 따뜻한 기자가 되어간다는 게 참 좋았다.

사람 냄새나는 기자가 되는 법은 거창하지 않다. 펜의 힘을 남용하지 않고, 겸손함을 잊지 않고, '바른 언론이 좋은 세상을 만든다는 것'을 진정으로 느끼고, 늘 머리는 깨어 있고 발은 현재에 시선은 멀리 두고 사람들을 만날 준비를 하면 되는 것 같다.

기자가 된 지 6년이 되어간다. 월 스트리트를 취재하는 지금도 아직 갈 길이 멀고, 배울 게 많고, 만날 사람이 많고, 귀 기울일 이야기가 많다. 그래서 이 직업이 참 좋다. 난 멋진 언론인이 아니다. 단지 '기자질'을 운명이라 느끼는, 이 일을 무척 사랑하는 촌스러운 기자다.

국제기구를 꿈꾸는 이들에게

　　내가 정말 비엔나에 살았는지 그때가 마치 꿈만 같을 때가 있다. 가만히 눈을 감고 기억을 되살리면 아침에 출근하기 위해 집을 나서자마자 마주치는 작은 빵집과 달콤한 빵 냄새, 지하철역까지 데려다주던 삐걱거리는 나무 전차, 유엔 빌딩 역에서 내려 천천히 햇살을 받으며 바라보던 도나우 강이 떠오른다.

　　비엔나는 정말 아름다운 도시다. 대합스부르크家의 웅장함과 찬란함이 도시 곳곳에 남아 있다. 봄은 싱그럽고, 여름은 햇볕이 강하지만 습기가 낮아 바람이 기분 좋고, 가을은 사계절 중 가장 아름답고, 겨울은 코끝이 쩡할 만큼 춥지만 나름 정취가 있다.

　　아름다운 석양이 있는 비엔나, 그 꿈만 같은 도시에서 1년 365일 음악과 와인과 아름다운 석양을 보는 건 지금 생각해도 참 설레는 일이다. 그런 곳을 한때 나의 '집'이라고 부른 적이 있다니 그때의 내가 몹시 부러워지기도 한다.

　　국제공업개발기구에서 일하기로 마음먹은 데도 이 도시 탓이 컸다. 평생 기자만 하겠다고 다짐했는데 언론사에 지원할 때마다 번번이 떨어진 그때 유엔과 비엔나는 무척 훌륭하고 멋진 대안이었다. 솔직히 그때까지 국제기구에 대해 아는 거라고는 학교에서 국제정치의 이해라는 수업을 들을 때 책으로 배웠던 국제기구의 종류, 발전 과정 등 기본적인 상식과 뉴스를 보면 둥근 원탁이 겹겹이 둘러싸인 큰 회의장에 각국 대표들이 앉아 토론하는 모습뿐이었다. 어렸을 때는 흔히 블루헬멧Blue helmet이라 부르는 PKO 평화유지군이 참 멋있다고 생각했고, 전쟁이 나도 유엔 완장을 차고 있으면 총에 맞지 않는다는 사실이 꽤 대단해 보였다.

   그 좋은 직장을 6개월도 채우지 못하고 그만둔 것이 인생에서의 첫 번째 실패다. 신문사에서 떨어진 건 실패의 축에도 끼지 않는다. 무언가에 도전했다가 바람과 다른 결과가 나온다면 그건 실패가 되지 않는다. 하지만 어떤 주어진 환경을 버티지 못하고 먼저 포기하는 건 분명 실패다. 실패한 가장 큰 이유는 하고 있는 일에 열정이나 직업의식이 없었기 때문이다. 그 일에 100퍼센트 몰두하지 못하고 주위의 부수적인 것이 더 눈에 들어온다면 열정이 없는 것이다. 나 역시 일보다 비엔나라는 도시가 좋았고, '기자를 하겠다고 난리를 치더니… 쯧쯧.' 하는 듯한 동정과 비난의 눈길이 없어서 좋았다.

   내가 맡은 일은 아시아 태평양국에서 개발도상국의 여성 고용 실태를 조사해 더 나은 고용 환경을 위해 각종 프로그램을 만들고 집행하는 일이었다. 그중 내가 맡게 된 국가는 동티모르였다. 그때만 하더라도 독립한 지 얼마 되지 않은 낯선 나라였다. 그곳은 마치 동화 속에 나오는 엘도라도 같은 곳이었다. 우리 팀에서 최종 권한을 갖고 있는 슈퍼바이저는 동티모르를 비롯해 필리핀, 말레이시아, 태국 등 동남아시아 지역에 있는 나라로 3개월에 한 번씩 출장을 가서 현지 실태를 파악했다. 출장을 가면 그 나라의 수도에 위치한 고급 호텔에서 지내는 게 아니라 시골 마을을 다녀야 하기에 움막에서 자고 심지어 허허벌판에서 묵기도 한다. 그런 경험을 통해 진짜 현장을 둘러보고 빈곤, 환경, 취업 문제 등을 몸소 겪는다. 난 그런 슈퍼바이저를 도와 자료를 모으는 일을 했다.

차라리 현장에 보내준다면 그게 낫겠다 싶었다. 남이 찾아내지 못한 이야기를 찾아 늘 발로 뛰는 기자가 되고 싶었던 내가 온종일 책상에 앉아 관심 밖의 나라 동티모르에 대해 뼛속까지 알기 위해 리서치를 하는 건 정말 고역이었다. 7시간 근무가 마치 70시간처럼 느껴질 정도로 재미가 없었고 도대체 나는 죽기 전에 기자를 할 수 있을 것인가 하는 생각에 초조했다. 그러다 벌써 기자가 되어 있는 친구들에게 연락이 오는 날은 초조함이 배로 늘었다. 그때 나는 너무 어렸고 다혈질이었고 어리석었다. 그 좋은 직장을 즐기기보다 내가 원하는 걸 남이 가졌다고 괴로워했다.

세상에 쉬운 일은 없지만 얼마나 좋아하는 일을 하느냐에 따라 고통의 무게가 달라진다고 생각한다. 더 힘들고 덜 힘든 것의 차이는 내 안의 아드레날린이 얼마나 샘솟느냐에 달린 것이다.

비엔나에서 내가 만난 사람들은 국제기구의 가장 기본 직급인 P-1 레벨은 물론 인턴까지도 혼신을 다해 일했다. 인도네시아에서 온 내 슈퍼바이저는 동티모르의 흙냄새까지 알아맞힐 정도로 지식이 깊었고, 인턴들은 사비를 내고서라도 국제기구에서 이런 경험을 하고 싶어 했다. 옆방에서 일하던 한 인턴은 자신의 꿈은 북한 어린이의 빈곤 문제를 해결하기 위해 북한 성천군 내에 염소 젖 가공 공장을 건설하는 것이라고 했다. 한국 사람도 아니고 한국에서 살아보지도 않은 사람이 분단국가에 대해 그리고 한반도의 미래에 대해 나보다 더 잘 알고 있었고, 염소 공장 사업을 이루기 위한 프로젝트를 구상하는 데 밤낮을 아끼지 않았다. 이렇게 치열하게 일하는 사람도 있는데 내가 하루 중 가장 설렌 순간은 출근길에 집 앞에 있는 작은 빵집에서 크로아상을 사먹을 때라니, 어이가 없는 일이었다. 매주 금요일 밤에는 유엔 내에 있는 바에서 인턴들끼리 모이곤 했는데, 그들이 한 주간 자신이 진행한 일에 대해 열심히 이야기하는 것을 듣고 있으면 나는 도대체 여기서 뭐하고 있나 하는 생각이 들었다. 미국에서 온 친구, 중국에서 온 친구, 튀니지에서 온 친구, 알바니아에서 온 친구 등 그들은 대부분 나처럼 리서치를 하고 있었지만 그 열정만은 이미 지구를 구한 사람들 같았다.

한국에서 뉴욕으로 오기 전에 성신여자대학교에서 기자가 되고 싶은 학생들을 대상으로 특별 강의를 한 적이 있다. '네 꿈을 펼쳐라'라는 주제 아래 기획된 이 강의에서 난 열심히 내가 기자가 된 계기와 일하면서 느끼는 보람과 성취에 대해 이야기했는데 막상 나중에 나온 질문의 반 이상이 유엔에 관한 것이었다. 우리나라 대학생들이 국제기구에 대해 얼마나 많은 관심을 가지고 있는지 알 수 있었다. 짧은 인턴 경험이었기에 국제기구에 대해 많이 알지는 못하지만 혹시 지금 이 책을 읽고 있는 독자 중에 유엔에서 일하길 꿈꾸는 사람이 있다면 조심스럽게 전하고 싶은 조언이 있다.

내 짧은 경험에 비춰보면, 국제기구는 한국 사람이 진출하기에 아주 좋은 환경이다. 우리나라가 내는 유엔 분담금의 규모는 유엔 상임이사국인 중국과 러시아를 앞서 세계 10번째이다. 국제기구에는 분담금에 따라 각 나라 출신을 채용하는 쿼터가 정해져 있는데 우리나라는 그 쿼터를 못 채우고 있는 실정이다. 게다가 채용 시 여성 우대를 하기 때문에 여자가 진출하기는 더 좋은 환경이다.

요즘 국제기구가 대학생들이 선호하는 직업 1위라는 것에 대해 개인적으로 기쁘게 생각한다. 나보다 훨씬 뛰어난 사람들이 우리나라를 대표해 국제기구라는 거대한 조직에서 열정을 가지고 일해 나갔으면 좋겠다. 하지만 한국 사람들이 유엔에 가지고 있는 환상에 대해서는 좀 우려스럽다. 단지 연봉이 높고 직업이 보장된다고, 그냥 '멋져 보여서'가 이유라면 결코 그곳에서 버티지 못한다.

실제로 미국이나 일본에서는 국제기구를 그다지 선호하지 않는다. 그 나라 연봉 기준으로 봤을 때는 국제기구의 연봉이 생각보다 적어 다른 일을 하다가 유엔으로 가는 사람에게 미국과 일본 정부는 연봉의 차액을 지불하기도 한다. 또 웬만큼 높은 지위가 아니고서야 계약 기간을 두고 일하기 때문에 그다지 안정적인 직업도 아니다. 나 같은 인턴의 경우 짧게는 6개월에서 1년, 길게는 2년의 비정규직이다. 정규직은 보통 3~4년 정도 한 부서에 있게 되는데 그 기간이 끝날 즈음에는 자신이 갈 만한 다른 부서를 직접 알아보고 지원해야 한다. 일을 구하지 못해 유엔을 그만두고 본국으로 귀국하는 경우도 흔하다.

이런 조건에도 왜 굳이 유엔에 오는 걸까? 아마 사명감 때문일 것이다. 현재 국제기구는 전반적으로 나태해졌다는 쓴소리를 듣고 있지만 그곳은 결국 좀 더 나은 세상을 만들고 싶다는 희생정신, 봉사정신이 담긴 단체다. 그리고 내가 만난 국제기구 사람들은 말만 번지르르한 게 아니라 인간과 인류에 대해 깊이 생각하고 고민했다. 그들을 통해 정말 많이 배웠지만 동시에 나에게는 그와 같은 직업의식이 없다는 걸 확실히 깨달았다.

국제기구는 누구나 일할 수 있는 곳이다. 출신이나 성별에 대한 차별이 다른 곳보다 덜하기 때문이다. 하지만 가장 중요한 것은 본인에게 투철한 직업의식이 있는가이다. "좀 그런 것 같다." 혹은 "잘 모르겠다."라면 방학을 통해 재학 중에도 할 수 있는 국제기구 인턴 제도를 적극 추천하고 싶다. 직접 그곳을 겪어본 후에도 그에 걸맞은 열정이 있다면 국제기구 취업을 위한 2년 로드맵을 그려보라. 무엇이든 6개월은 너무 짧고 1년은 적응하기에는 적당하지만 거기서 한 걸음 더 나아가려면 최소한 2년은 필요하다. 어떤 공부든 일이든 2년은 해야 '좀 했다'고 생각되고 손에 익는다.

유엔의 공식 언어는 영어, 프랑스어, 러시아어, 아랍어, 중국어, 스페인어로 여섯 가지다. 영어 외에 다른 언어를 구사하면 가산점을 얻는다. 이 중 하나를 배운다면 아랍어를 추천하고 싶다. 아랍어를 배워두면 유엔뿐 아니라 써먹을 곳이 무궁무진하다. 비즈니스 측면에서 봤을 때도 중동의 오일머니가 세계 곳곳에 투입되고 있고, 거기다 아랍어를 구사할 수 있는 한국인이 많지 않으니 여러모로 이득이다. 2년 안에 외국어를 완벽히 익히기는 쉽지 않지만 로드맵을 세울 때는 최소 2년간 공부해 어느 정도의 회화는 구사하겠다는 마음을 다지고 공부해라.

국제기구 대부분의 직급은 학사 이상이면 지원이 가능하다. 하지만 현실은 학력이 갈수록 높아지는 추세라 실무자급 P level 이상을 지원하는 사람은 석사는 기본으로 가지고 있어야 한다. 부지런히 대학원을 2년 다니는 것도 국제기구를 겨냥한 로드맵 중 하나가 될 수 있다. 유엔 같은 경우는 어디서 어느 대학원을 나왔느냐보다 석사학위가 있느냐 없느냐 자체를 보기 때문에 굳이 미국이나 유럽의 대학원을 갈 필요는 없다.

지원 방법도 중요 포인트다. 여름방학 동안 지원해서는 안 되며 겨울방학이나 그다음 여름방학에 지속적으로 지원하는 것이 중요하다. 외교통상부 국제기구 채용 홈페이지 등에서 인턴 공고를 보고 지원하는 것도 좋지만, 공고가 없어도 인사 부서에 메일을 보내 관심을 표하는 것도 도움이 된다. 실제로 이렇게 연락이 닿는 경우도 의외로 많다. 또, 많은 사람이 지원하는 곳보다 잘 알려지지 않은 국제기구를 공략하는 것도 방법이다. 뉴욕에 있는 유엔 본부나 유니세프UNICEF, 유엔개발계획UNDP 등이 선호도가 높은데 여러 국제기구 본부는 뉴욕 이외에도 제네바, 비엔나, 나이로비 등에 있다. 비엔나 같은 경우만 해도 국제원자력기구IAEA, 유엔비엔나사무소UNOV 외에 포괄적핵실험금지조약기구CTBTO, 국제거래법위원회UNCITRAL 등 잘 알려지지 않은 기구가 많다.

마지막으로 자신이 왜 유엔에 들어가고 싶은지 뚜렷하고 확실한 목적이 있어야 한다. 그저 국제기구라는 이름이 멋져서, 괜찮은 직업일 것 같아서 갔다가는 6개월을 못 버티고 자진 사퇴하게 될 것이다. 유엔에는 각기 다른 목적을 가진 무수히 많은 기구가 있다. 그중에서 자신이 원하는 곳을 정확히 찾아내야 한다.

　한때는 첫 한국인 유엔 사무총장을 꿈꾼 적도 있다. 반기문 사무총장 이후에는 첫 한국인 여성 사무총장으로 바뀌었지만. 이처럼 누구에게나 가능성이 있는 게 국제기구의 장점이다. 하지만 국제기구가 결코 '로또'는 아니다. 보다 나은 세계를 만들기 위해, 좀 더 사람답게 살 수 있는 환경을 만들기 위해 지구촌 여러 마을에서 모여든 사람들과 머리를 맞대고 치열하게 고민할 준비가 없다면 국제기구에서 살아남을 가능성은 제로다. 그 일을 할 때만큼은 그 누구와도 자신을 바꾸고 싶지 않다고 생각할 정도로 확신이 서야 한다.

21세기형 회사란

대다수 회사원이 그렇듯 나도 지금의 직장이 전부 마음에 드는 건 아니다. 그럼에도 로이터 통신을 좋은 회사라 말할 수 있는 두 가지 이유가 있다. 하나는 직급이 높을수록 더 많은 일을 해야 한다는 것이고, 하나는 직원들의 자기계발을 돕는 것이다.

매일 엎치락뒤치락하는 선물 시장 때문에 새벽 6시에 자리에 앉아 잠시도 일어나지 못하고 10시까지 꼬박 커피 한 잔으로 버티는 경우가 대부분이다. 이렇게 보면 평기자인 내가 무척 고생하는 것 같지만 사실 상사인 데스크가 더 고생이다. 평기자는 대체적으로 근무시간이 지켜지는 데 반해 데스크급이 되면 하루에 12시간 이상 일하는 경우가 부지기수다. 그야말로 매니저라는 직함을 100퍼센트 실행해야 한다.

상사가 퇴근을 안 했다고 덩달아 퇴근을 못하는 일은 없다. 직위가 높은 만큼 관리할 일이 많아 차장이나 부장은 당연히 가장 집에 늦게 가는 사람으로 정해져 있다. 특히 경제 뉴스 팀의 임원은 증권 팀, 통화 팀, 채권 팀, M&A 팀을 두루 살펴야 하기 때문에 몸이 열 개라도 모자란다.

외국에 오래 살았지만 사회생활은 대부분 한국에서 했기에 처음에는 이 부분이 좀 의아했다. 서열을 중요시하는 한국의 생활이 이곳의 평등함보다 익숙했던 터였다. 이곳에서 매니저급이 평기자보다 월급을 많이 받는 이유는 그만큼 해야 할 일이나 책임감이 늘어서이고, 그 많은 일을 끝내려면 집에 늦게 가는 게 당연한 이치라고 생각한다.

우리 매니저는 브루클린에서 가족과 함께 사는데 나와 같은 새벽 시간에 출근하고 퇴근은 훨씬 늦게 한다. 도대체 이 사람은 회사에 몇 시간이나 머무르는 건지, 자기 생활을 중시하는 외국에서는 상상도 못할 일이다.

월 스트리트를 취재하면서 느낀 점은 열심히 하는 사람은 한국이든 여기서든 성공한다는 것이다. '노력은 배신을 모른다'는 말이 있듯 자신의 일에 에너지를 100퍼센트 쏟는 사람과 70퍼센트를 쏟는 사람의 결과는 확연히 다르다. 물론 생활의 100퍼센트를 일에 쏟는 것이 70퍼센트만 일에 쏟고 30퍼센트는 자신을 위해 사는 사람보다 낫다고 할 수는 없다. 본인의 선호에 따라 결정하는 것이기 때문이다. 하지만 내가 보기에 열심히 일하는 사람은 분명 어디서든 스포트라이트를 받는다.

한국에서 대학원에 다니기로 결심했을 때는 솔직히 내 의지보다 꾸준히 자기계발을 하라는 엄마의 성화에 못 이겨서였다. 로이터에서는 대학원에 다니는 것을 숨길 필요는 없었지만 나와 비슷한 연차의 타사 기자들은 매번 수업에 올 때마다 회사에 그 사실을 숨겼다.

로이터에서는 근무 시간에도 온라인 강의나 회의를 통해 각 기자의 재량을 넓혀주려고 노력한다. 경제부에만 오래 있었던 기자에게는 사회, 정치 뉴스 취재 감각을 잃어버리지 않게 탐사 및 재난 보도 워크숍을 통해 꾸준히 감각을 심어준다. 반대로 경제 뉴스를 잘 모르는 기자에게는 대학교 수준의 경제학 수업을 제공한다. 회사 밖에서 공부를 하겠다고 하면 일주일에 몇 번은 회사를 쉬게 하고 학비를 제공하기도 한다.

또 커리어 센터를 만들어 추후에 하고 싶은 일에 대해 계획을 세우게 도와준다. 분기마다 매니저와 상담하는 시간을 갖는데 마치 진로 상담하는 듯한 기분이 들 때도 있다. 이 시간에는 로이터에 꼭 있고 싶다, 이곳에 뼈를 묻겠다, 열심히 하겠다 등의 이야기가 아닌 5년 후에도 계속 기자를 하고 싶은데 다른 분야를 담당해보고 싶다거나 아예 기자 노릇이 싫다고 말하는 사람도 있다. 물론 이때의 발언은 절대 인사에 반영되지 않는다.

몇 달 전, 나는 종군기자를 하고 싶다고 말했다. 그간 여러 분야를 담당한 내 배경을 아는 매니저는 바로 이라크와 아프가니스탄에서 종군기자를 한 로이터 여기자를 멘토어로 소개했다. 그 기자는 종군기자가 되기 전에 지금의 나와 같이 월 스트리트를 담당했다. 여자라는 편견을 깨고, 최후의 오지에 가보고 싶어 이라크와 아프가니스탄에 자원해서 갔다고 한다. 여자이기 때문에 회사 측에서는 불가피하게 보험과 치안에 대한 투자를 배로 늘려야 했지만 본인이 원했기에 그 꿈을 실현할 수 있도록 도움을 줬다고 한다.

21세기형 회사란 이런 곳이 아닌가 싶다. 평생직장의 개념이 없어진 지금 직원을 묶어두고 충성을 강요하기보다 현시를 직시하고 오히려 꿈을 이루게 도와주는, 그래서 그곳에 있는 동안 더 열심히 일하게 만드는 회사.

야생에서의 유년기

나는 한국에서 태어나 어릴 때 아프리카 나이지리아로 갔다. 그 후 외교관인 아버지를 따라 여러 나라를 경험하며 자랐다. 초등학교와 중학교는 미국, 태국, 한국에서 보냈고 고등학교와 대학교는 캐나다에서 다녔다. 대학을 졸업하고 나서는 오스트리아에서 일하다가 한국으로 왔다.

살아본 곳 중에 어디가 좋았냐는 질문을 많이 받는데, 가장 행복했던 곳은 나이지리아다. 아버지가 나이지리아의 수도 아부자로 발령이 났을 때, 눈물이 많은 이모는 마치 우리가 죽으러 가는 듯 펑펑 울었다고 한다. 서울 올림픽도 열리기 전이니 당시 아프리카의 이미지는 원시 그 자체였다. 그때 언니와 나는 동화책에서 본 사자, 원숭이, 기린, 얼룩말 등을 직접 보고 만질 수 있다는 생각에 무척 신이 났었다. 우리는 고작 4살이었다.

엄마는 나이지리아 아부자 공항에 도착했을 때 열대의 습한 공기에 숨이 턱 막혔다고 한다. 난생처음 까만 피부의 사람들을 실제로 보니 흠칫 겁도 나고. 하지만 나와 언니는 좋아하는 바나나를 실컷 먹을 수 있다는 아버지의 말에 들떠 있었고, 스튜어디스 언니가 가져다준 새 공책과 색연필에 마냥 기뻐했다.

나이지리아 집에는 식사를 차리고 목욕을 도와주는 언니, 청소를 해주는 언니, 정원사와 운전기사가 있었다. 한국에 비하면 인건비가 4분의 1도 들지 않았다. 당시 그들의 한 달 월급은 우리나라 돈으로 1,000원이 채 안 되었던 것 같다. 밥을 차려주고 목욕을 도와주던 언니는 실제로는 연세가 지긋한 할머니였다. 이름은 그레이스였는데, 늘 바쁜 부모님을 대신해 언니와 나를 돌봐주어 나중에 커서도 무슨 일만 있으면 엄마 대신 그녀를 찾곤 했다.

나는 무척 왈가닥이라 대사관 정원에 심어진 바나나 나무에 오르며 하루를 시작하고, 대사관으로 들어오는 철문이 열릴 때면 어김없이 그 문에 매달려 놀았다. 옥상에서 뛰어놀다가 이마가 찢어진 적도 한두 번이 아니었다. 대사관에서 키우던 애완용 말을 타고 놀고, 코끼리를 사달라고 떼를 쓰기도 했다. 치안 때문에 따로 어디를 가거나 놀 수 있는 환경이 아니라 학교 외에 유일하게 갈 수 있는 곳은 골프장과 수영장이 있는 클럽 하우스였다. 언니와 나는 방과 후 수영장에 가서 저녁때까지 있었다. 지금 다시 그곳에 가서 살라고 하면 그럴 수 있을까? 절대 못할 것 같다. 그때는 어렸고 바나나와 장난감과 엄마 아빠만 곁에 있으면 모든 것이 행복했지만 지금은 상상도 못할 일이다.

나이지리아는 음식을 구하기 어려워 마실 물조차 영국에서 직접 주문했고, 우리 대사관과 얼마 떨어지지 않은 북한 대사관에서 신변을 위협하는 협박 편지를 보내는 일도 종종 있었기에 밖에 나가려면 보디가드를 대동해야 했다. 그래서 밖에 자주 나가지는 못하고 가끔 대사관 근처의 마켓에 가면 나이지리아 사람들은 우리를 신기하게 보다가 주위를 둘러싸고 머리카락을 뽑아갔다. 곱슬머리인 그들이 보기에 우리의 직모가 신기하게 보였나 보다. 반대로 우리가 사진기로 그들을 찍으려고 하면 카메라는 사람의 영혼을 빼앗는다고 두려워하며 손을 내저었다.

생각해보면 엄마는 참 대단한 사람이다. 외교관의 부인이기 전에 갓 서른이 넘은 여자가 아무리 가족과 함께 한다지만 아프리카에 가고 싶었을까. 우리야 어려서 몰랐다지만 아는 사람 하나 없는 그곳에서 엄마는 어떻게 적응했을까. 그것도 동물의 왕국에서나 봤을 법한 그런 환경에서. 엄마는 대학교에서 시간강사를 하며 교수를 꿈꾸던, 지금의 내 나이보다 한두 살밖에 많지 않은 꿈 많고 예쁜 여자였는데 말이다. 아마 우리 가족을 나이지리아로 보내면서 가장 속상한 사람은 외할머니였을 것이다. 할머니는 엄마가 나랏일을 하는 '국가의 녹을 먹고 국가를 위해 일하는 남자'와 결혼하길 바랐다고 한다. 그래서 당신의 예쁘고 똑똑하고 공부 잘하는 딸을 따라다니는 수많은 남자를 내치고 우리 아버지에게 시집보냈다. 그런데 첫 부임지가 나이지리아라니, 아마 그날만은 땅을 치고 후회하지 않았을까 싶다.

알파벳도 잘 모르던 내가 인도 유치원에 들어갔을 때 언니는 시험을 보고 나이지리아에서 제일 좋은 국제학교에 들어갔다. 엄마는 내가 언니보다 어려서 그런 거라고 했지만 우리 자매는 한국 나이로는 한 살 차이이지만 외국에서는 동갑에 동급생이다. 그런데 언니만 국제학교에 들어가고 나는 어려서 인도 유치원에 들어갔다는 건 말이 되지 않았다. 아니나 다를까. 나중에 알고 보니 언니와 함께 나도 시험을 봤지만 떨어진 것이었다.

인도 유치원을 다니다 얼마 뒤 영국 유치원으로 편입했다. 공부는 잘하지 못했지만 주변 환경에는 적응을 잘해 인도 유치원에 간 지 열흘도 되지 않아 인도식 발음으로 영어를 시작한 것이다. 놀란 부모님은 나를 영국 유치원으로 보냈다. 그리고 6개월 뒤에 다시 시험을 치르고 언니가 다니는 미국 학교로 들어갔는데 일주일도 지나지 않아 같은 반 친구를 도시락으로 쳐서 정학 위기에 놓이기도 했다. 그때 선생님이 언니는 공부도 잘하고 착한데 왜 안젤라는 왈가닥이냐고 가정 통신문을 보내기도 했다. 언니는 1학년이었고 학교의 영어 철자 경시대회에 나가 1등을 한 화려한 경력의 소유자인 반면 나는 그저 운동신경만 좋은 빼빼 마르고 새까만 선머슴 같은 아이였다.

워낙 어렸을 때 가서 그런지 지금도 나이지리아 사람들은 참 친숙하다. 수습기자 시절에는 용산서에 사기 혐의로 구치소에 들어온 나이지리아인과 몇 시간 이런저런 이야기를 나눈 적도 있다. 그곳에 살 때는 그들과 다른 인종이라는 개념 자체를 이해하지 못했고, 다 같은 색깔의 사람이라고 생각했다. 학교에 데려다주는 기사 아저씨도, 나와 제일 친했던 친구도, 매일 목욕시켜주는 할머니도 다 나이지리아 사람이고 그들과 함께 생활하면서 영어를 배우고 컸기 때문에 그만큼 친숙하고 내 사람 같았다. 나이지리아에서는 주로 이름을 태어난 날로 정해 길거리에서 프라이데이나 새터데이를 외치면 한 20명이 뒤돌아볼 정도인데 한때는 엄마에게 안젤라 대신 태어난 요일로 이름을 바꿔달라고 떼쓴 적도 있다.

나이지리아 사람들이 나와 다른 색깔의 사람임을 느낀 건 다시 한국에 들어왔을 때였다. 몇 년 만의 귀국이라 나름 새 옷을 입고 머리에 리본도 꽂았는데 고모는 공항에서 우리를 보자마자 울음을 터뜨렸다. 까맣게 타고 고생한 티가 역력하다며 속상해했다. 그리고 그때 '깜둥이'라는 단어를 처음 들었다. 아프리카에서 살다온 나와 언니가 신기한 듯 친구들은 요리조리 쳐다보며 꼭 이렇게 말했다. "거긴 정말 깜둥이들 많아? 너네랑 같이 살아?" 우리에게는 당연히 함께 살아야 할 가족 같은 사람들이 친구들에게는 책이나 영화에서 본 미지의 사람들이었다.

나는 나이지리아가 좋았다. 흔치 않은 야생을 경험했고, 어렸지만 세상을 넓게 보는 시야를 갖게 되었다. 그곳에서 어린 시절을 보냈기에 나와 피부색이 다르고 생김새가 달라도 '모든 사람은 다 똑같다'는 생각을 가지고 미리 선입견을 가지거나 피하지 않는다. 어쩌면 기자로서 겁 없이 내달릴 수 있는 것도 그때의 경험이 있었기에 가능하지 않나 싶다. 야생에서의 유년기는 지금의 내가 되기 위해 꼭 필요한 운명과 같은 과정이었을 수도.

해병대식 교육

아버지는 우리 자매를 강하게 키우셨다. 해병대 출신이라 집에서도 해병대 정신을 강조해 군대식으로 교육하셨다. 집에서 금요일 저녁마다 가족 회의를 했는데, 언니와 내가 일렬로 서서 관등 성명을 하고 충성을 외치며 시작했다. 우리는 애국가를 부르고 국기에 대한 맹세를 했다. 아버지는 어린 두 딸에게 조국을 잊어서는 안 된다고 당부하셨다.

아버지는 아프리카 추장이 쓴다는 깃털 달린 모자와 코끼리 상아로 만든 봉을 들고 회의를 주관하셨다. 먼저 가훈을 목청껏 복창하고, 주간 계획을 실행했는지 토론했다. 대통령께 편지 쓰기나 고향에 계신 할머니께 안부 전화 드리기, 학교 친구들 도와주기 등. 실제로 언니는 노태우 대통령에게 편지를 보내 친필 사인이 담긴 답장을 받은 적도 있다. 이런 우리 가족을 보고 이모들은 예전 미국의 유명한 시트콤인 '코스비 가족' 같다고 말했다.

나이지리아에 살 때만 해도, 한국에 대한 추억이라고는 맛있는 미숫가루를 만들어주고 나를 '강아지'라 부르던 외할머니밖에 없었다. 딱히 조국에 대한 기억도, 내 나라라는 개념도 없었다. 그런데 아버지는 늘 나라를 위해 일하는 사람이 되라고 강조하셨다. 밖에서는 영어를 쓰지만 집에서는 꼭 한글을 써야 한다는 규칙을 정하고 이에 엄격하셨다. 가끔 언니와 영어로 대화하거나 엄마를 '마미'라고 불렀다가 밥을 굶는 벌을 받기도 했다. 그런 극단적인 처벌 덕인지 한국인이라는 아이덴티티가 확실하게 정립되었고, 한글을 쓰고 말하는 데 문제가 없으니 아버지께 참 감사한 일이다.

토요일에는 대사관 강당에 급조된 한글학교에 다녔다. 엄마가 한글학교 원장을 하고 있어 언니와 나는 한글 공부는 물론 학예회 때는 앞장서서 잘하지도 못하는 부채춤과 연극을 했다. 10명도 안 되는 한국 아이들이 외딴 아프리카 오지에서 토요일마다 국어와 수학, 역사를 배웠다. 애국가를 외울 때는 정말 괴로웠다. 아버지는 미국 학교에 다니는 언니와 내가 미국 국가는 알면서 애국가는 4절까지 못 외우는 것이 속상하셨는지 한번은 애국가 외우기 숙제를 내주셨다. 1절부터 4절까지 가사와 음을 완벽히 외울 때까지 밥을 주지 않겠다며 자매를 공부방에 가두셨다. 그리고 밥 대신 바나나를 가끔 문틈 사이로 넣어주었다. 엄마는 밥은 먹여야 하지 않겠느냐고 반대했지만 아버지의 뜻은 완강했다. 언니와 나는 힘이 들어 지쳐 울다가 배가 고파지면 바나나를 먹으며 애국가를 1절부터 4절까지 다 외웠다. 엄마의 피아노 반주에 맞춰 애국가를 완벽하게 부른 뒤에야 우리는 그 공부방을 탈출할 수 있었다. 아버지의 독특한 교육 방식은 나중에 외국에서 살게 될 나에게 미리부터 '조국'이라는 의미를 깨우쳐주기 위함이었다.

나이지리아에 살면서 주말에는 다른 주변 국가로 차를 타고 여행을 가거나 시내에 있는 호텔에 피서를 가는 게 유일한 낙이었다. 한번은 케냐의 사파리로 여행을 간 적이 있다. 아버지는 아무

안전 장비도 없는 봉고차에 우리를 태우고 사파리 대지를 직접 운전해 야생 체험을 시켰다. 차창 너머로 사자가 얼룩말을 잡아먹고 그 옆에 표범이 날뛰고 있었다. 그때 우리 자매의 시선을 사로잡은 건 코끼리 떼였다. 잠시 차를 세우고 무리를 이탈한 아기 코끼리에게 다가가 함께 놀자는 제스처로 무심코 나뭇가지를 던졌는데 그 모습을 본 엄마 코끼리가 갑자기 우리 쪽으로 돌진했다. 그러더니 뒤에 있던 코끼리 무리도 거침없이 우리를 향해 내달렸다. 코끼리가 그렇게 빠른 동물인지 그때 처음 알았다. 쿵쾅쿵쾅이 아니라 마치 지진이 난 듯 땅이 요동쳤다. 다행히 차 시동을 끄지 않은 상태라 재빨리 그곳을 탈출했지만 까딱하다간 그야말로 밟혀 죽을 뻔했다. 예전에 연합뉴스 국제부에 있을 때, 케냐에 사는 한 여성과 아이가 코끼리의 발에 밟혀 즉사했다는 BBC 방송 기사를 본 적이 있다. 코끼리가 모자를 밟아 죽이고 그 시신을 숲으로 끌고가 나뭇잎으로 덮어 암매장했다는 내용을 국문 기사로 옮기는데, 사파리에서의 기억이 떠올라 머리카락이 삐죽 섰다.

그때 아버지는 위험한 상황에서도 주저함 없이 사파리 한복판에 있는 호텔에 하룻밤 묵자고 하셨다. 말이 호텔이지 야생에 있는 나무 위에 방을 꾸린 정도였다. 워낙 위험해서 숙박을 하기 전에 만약 야생동물에게 공격을 받아 다치거나 목숨을 잃어도 호텔 측에 책임을 묻지 않겠다는 서명을 해야 했다. 엄마는 반대했지만 아버지는 언니와 내가 세계라는 무대에 서려면 이런 험난한 과정도 겪어봐야 한다며 굳이 그 나무집으로 올려보냈다. 밤새 지붕 위에서 울어대던 부엉이가 아직도 기억난다. 빤히 응시하며 큰 눈을 더 크게 부릅뜨고 목이 쉬도록 밤새 울던 그 부엉이.

또 한번은 6살 때 12살 이상만 참가하는 수영 대회에 나간 적이 있었다. 아버지가 일부러 내보낸 것이었다. 당시 유일한 낙이 수영장에 가는 것이었는데, 언니와 나는 학교가 끝나면 수영장에 가서 시간을 때우고 숯불구이 꼬치인 수야를 사먹으며 엄마가 우리를 데리러오기를 기다렸다. 거의 매일 6시간 이상을 수영장에서 보내기는 했지만 덩치가 배는 큰 상급생들과 승부를 다투는 건 무리였다. 그래도 아버지는 일단 한번 겨루어보라고 하셨다. 언니와 내가 강인하게 크길 바라신 모양이다. 그때 찍은 사진을 보면 지금도 웃음이 난다. 몸집이 큰 서양 아이들 틈에 작은 동양 여자아이 둘이 양 끝에 나란히 서서 다이빙을 하기 위해 기다리는 장면이다. 언니와 나는 '대체 우리가 왜 여기에 서 있지?'라는 표정으로 서로를 바라보고 있다. 수영 대회 결과는 물론 내가 꼴찌이고, 언니가 꼴찌에서 두 번째였다.

당시에는 힘들었지만 이런 '무조건'식의 해병대 교육이 쉽게 겁먹지 않는 도전 의식의 밑바탕이 된 것 같다. 왠지 나도 나중에 아이를 낳으면 이렇게 키우지 않을까.

한 꼬투리의 두 완두콩

우리 자매는 쌍둥이는 아니지만 같은 해에 태어났다. 언니는 1월, 나는 12월 정확히 11개월 차이다. 고모에 의하면 1월에 아이를 출산한 엄마가 그해 12월에 또 나를 낳기 위해 같은 산부인과에 가자 담당 의사가 웬일로 왔는지 묻더란다.

우리 자매는 한 꼬투리의 두 완두콩처럼 모든 걸 함께 했다. 아주 어릴 때는 몸이 약한 언니가 친구들한테 맞고 들어오면 내가 달려나가 그 아이들을 혼내주었단다. 한 아이는 볼을 물어뜯겨 병원에 실려갈 뻔했다고 한다. 그렇게 우리는 점차 자라 나는 독한 아이로, 언니는 공주처럼 예쁜 아이로 성장했다. 사람들은 우리 자매를 보고 생김새는 비슷한데 성격은 완전 다르다고 말하곤 했다.

초등학교 즈음부터는 늘 언니가 한 수 위였다. 그때부터 나는 늘 언니의 큰 그림자에 가려 있었다. 언니는 늘씬하고, 키가 크고, 똑똑하고 현명하고, 공부를 잘해 월반을 하고, 운동을 잘해 수영 팀에서 대표를 하고, 미모든 뭐든 모든 게 뛰어나 나보다 빛이 났다.

처음부터 불공평한 게임이었다. 언니는 날 때부터 똑똑했고 공부를 좋아했고 운동을 잘했고, 나는 학교가 끝나면 집에 가방을 던져두고 남자아이들과 미식축구나 하러 가는 왈가닥이었다.

언니와 나는 지금은 둘도 없는 친구지만 어릴 때는 참 많이 싸웠다. 나이지리아에 살 때, 언니가 가지고 놀던 마론인형의 머리카락을 일부러 빡빡 깎아놓은 적이 있었다. 언니는 그 인형을 보고 울더니 결국 가출을 했다. 아버지의 차 안으로. 나이지리아는 치안이 불안해 대사관 식구들은 전부 건물 뒤에 있는 아파트에 모여 살았기 때문에 나갈 수 있는 곳은 겨우 대사관 앞마당이었다. 언니는 고집스레 차에서 하루를 보내고 내가 손이 발이 되도록 빈 다음에야 집에 돌아왔다. 중학교에 올라가서는 언니와 거의 매일 싸웠다. 언니가 가진 건 뭐든 탐이 났다. 나도 똑같은 것을 가지고 있었지만 일부러 언니 물건을 빼앗고 돌려주지 않았다.

언니의 영어 이름은 제니퍼인데 고등학교 때까지 학교 선생님과 친구들은 나를 제니퍼 동생이라고 불렀다. 태국에서 중학교를 다닐 때는 특히 더 심했다. 성적이 좋은 학생들은 분기마다 우등생 리스트에 올랐는데 언니는 늘 상위권에 들 정도로 공부를 잘했다. 반면 나는 3년 반 동안 한 번도 우등생 리스트에 들지 못했다. 언니는 중학교 3학년 때 영재 시험 상위 1퍼센트에 들어 학교 대표로 미국의 대학교 진학 시험인 SAT를 본 적도 있다. 키 크고 예쁘게 화장한 고등학교 졸업반 학생들 사이에서 시험을 치르던 작은 체구의 언니는 누구보다 강단 있어 보이고 참 멋졌다.

지금도 언니에게 한없이 미안한 일이 있다. 중학교 때 언니에게 미국의 한 유명 대학교에서 제안이 들어왔다. 여름 영재 학교를 보내주고, 시험을 보지 않아도 그 대학에 진학할 수 있는 기회를 주겠다고 했다. 하지만 언니는 그곳에 가지 못했다. 어릴 때부터 자매에게 모든 걸 동등하게 준 부모님이 내가 그 영재 학교에 갈 수 없다면 언니도 보내지 않겠다고 한 것이다. 언니만 영재 학교에 보내는 게 내 기회를 박탈하는 일이라 생각하셨다. 따지고 보면 언니의 기회를 박탈한 것이었는데 말이다. 결국 언니는 소규모의 다른 여름 영재 학교로 갔다. 그 학교에서는 별로 영재가 아닌 나도 학교 추천서만 있으면 받아주겠다고 했기 때문이다.

그렇게 어쩌다 들어간 영재 학교에서 이 세상에는 언니 같은 사람이 여럿 있다는 사실을 처음 알았다. 그곳에는 4살 때부터 작곡을 시작한 음악 천재가 있었고, MIT 대학교에서 수학 수업을 듣는 학생이 있었고, 벌써 책을 낸 친구도 있었다. 그들과 여름방학 세 달을 함께 하면서 수학, 영어, 물리, 컴퓨터 등의 수업을 듣는데 대학교 수준이라 영재가 아닌 내가 따라가기에는 힘이 들었다. 모든 과목에서 A를 받는 언니에 비해 내가 잘한 과목은 운동뿐이었다. 그 영재 학교에서의 경험은 넓은 세상을 볼 수 있는 기회였지만, 그저 '역시 나는 타고난 머리가 아니다.' '세상은 불공평하다.'는 사실만 뼈저리게 느꼈다.

얼마 전, 한국에 갔다가 돌아와서 언니 생각을 하다가 울컥 감정이 북받쳐 눈물을 쏟았다. 출국 직전까지 옷 하나를 두고 다퉜는데 그렇게 헤어지고 속이 상했는지 언니가 내 가장 친한 친구에게 전화해 "그냥 옷 가져가게 했어도 되는데 괜히 싸우고 보냈어."라며 울었다고 한다. 그 이야기를 듣자마자 나도 울컥하며 왜 언니와 그런 일로 싸웠는지 후회했다. 하지만 그렇게 후회하고도 며칠 뒤에 우리는 또 전화로 싸우고, 며칠 뒤에 또 아무렇지 않게 통화를 했다. 우리는 그런 자매다.

　　요즘도 밖에 나가면 언니를 뒤따라오는 수많은 남자를 치워내는 보디가드 역을 자처한다. 나는 언니의 그림자이지만 행복하다. 우리는 한 꼬투리의 두 완두콩이니까.

인생 ReStart

아직 설익은 과일처럼 텁텁한 내 이야기를 책으로 엮자는 제의를 받았을 때, 언젠가 책을 쓰고 싶었던 꿈이 이루어지는 것 같아 하루는 뛸 듯이 기뻤지만 다음 날부터는 걱정과 부담에 잠을 이루지 못했다. 무슨 이야기를 어떻게 풀어나갈까 아니 그럴 이야기가 있긴 한지 참 무모한 도전 같았다.

'어제 내린 비로 오늘을 적시지 말고, 내일 내릴지 모를 비를 위해 우산을 미리 펴지 말자'는 마음으로 이 책을 시작했다. 책을 쓰기로 결심한 건 어쩌면 월 스트리트에 가려고 했던 것보다 더 무모할지 모르지만 무모함 또한 도전이니 즐기고 헤쳐나가기로 했다.

언젠가 '잘 익은 과일'이 되었을 때 지금의 이야기를 읽고 낄낄 웃을 수도 있고, 유치함에 쥐구멍을 찾아들고 싶을 수도 있다. 그렇지만 지금의 수줍지만 열정적인 이야기가, 멋 부리지 않은 이야기가, 글에 대한 짝사랑이 그때 날 위로하고 보듬어주지 않을까. 그러면 좋을 텐데 하고 생각해본다. 그때 지금의 나를 돌아보며 "Not Bad!"라고 말해줄 수 있으면 좋겠다.

겉만 번지르르한 이야기로 책 한 권을 메울 수는 있어도 결코 완성할 수는 없다. 인생도 마찬가지인 것 같다. 가본 길보다 가지 않은 길이 더 많은 나이지만 언젠가 나를 돌아봤을 때 "참 성실하게 써왔구나."라는 말을 들을 수 있는 인생이고 싶다.

이제 나의 2년 로드맵을 업그레이드할 때가 되었다. 앞으로의 2년을 위해 어떤 준비를 해야 할지 설레고 궁금하다. 더 늦기 전에 종군기자의 꿈을 이루기 위한 분쟁 지역 특파원 준비를 할지, 정치의 중심 워싱턴 DC에서 한국인 최초 백악관 출입 기자가 되기 위한 준비를 할지, 생각만으로도 짜릿한 칸의 영화 담당 기자나 영국 프리미어리그 축구 기자가 되기 위한 준비를 할지.

흥미진진한 인생이 이 한 권의 책에서 또다시 시작될 것 같은 기분 좋은 아드레날린이 나를 감싼다.

PART FIVE

인생에는 도무지 말로 표현하지 못하는 일이 있는데
그중 하나가 엄마와 딸 사이라고 한다.
엄마는 딸에게 여러 존재가 되어주기 때문이다.
내게 엄마는 롤모델이자 멘토어, 카운셀러, 글쟁이 선생님,
내 영원한 안전 장치다

엄마의 편지

향기 나는 사람, 엄마

　내가 아직도 '마미'라고 부르는 우리 엄마는 158센티미터의 키에 44사이즈를 입는 아담한 여성이다. 쉰이 넘은 나이에도 핫팬츠에 가죽부츠를 멋스럽게 소화하는 그녀는 나의 엄마이기를 떠나서 같은 여자로서 참 부러운 사람이다. 엄마는 지금도 연예인처럼 예쁘다는 이야기를 듣는다. 엘리베이터에 같이 타도 그렇고 택시를 타도 그렇고 연예인이 아니냐는 질문을 많이 받는다. 심지어 내 친구들은 엄마가 그토록 미인인데 너는 도대체 어느 별에서 왔느냐고 묻기도 한다. 나도 저렇게 나이 들 수 있다면, 나도 저 나이에 딸들과 옷을 같이 입을 수 있다면, 나도 저렇게 소녀 같은 외모를 유지할 수 있다면 얼마나 좋을까.

　엄마에게서 가장 닮고 싶은 부분은 바로 그녀의 향기다. 엄마를 만난 모든 사람은 그녀 특유의 부드러운 카리스마가 있는 향기에 매료된다. 엄마는 한없이 부드럽기만 한 사람은 아니다. 오히려 그 반대인 강단 있는 '슈퍼우먼'이다. 끊임없이 공부하고 새로운 도전을 위해 하루 24시간을 48시간처럼 쓴다. 자신을 가꾸는 것도 더불어 사는 사람들에 대한 예의이며 자신을 사랑하는 자존심이라고 말한다. 남들은 엄마의 작은 몸집만 보고 집안일은 전혀 못할 거라 생각하는데, 대사관 행사가 있는 날이면 녹두전 500개와 김밥 200줄 정도는 혼자 거뜬히 만든 뒤 곱게 한복으로 갈아입고 환한 미소로 외국 손님들을 맞이하는 슈퍼우먼이다.

외국에서 생활하다 보면 외교관인 남편들이야 자신의 일이 있어 외로움이 덜하지만 그 부인들은 새로운 나라에 적응하면서 종종 우울증에 걸려 1년에 한 번은 꼭 고국에 다녀오는 경우를 자주 봤다. 하지만 엄마는 아버지와 그 많은 나라를 돌아다녔어도 단 한 번도 힘든 모습을 보인 적이 없다. 오히려 다른 부인들에게 카운셀링을 부탁받고 그들을 다독이며 위로하는 입장이었다.

엄마는 어디를 가든 아버지 못지않은 외교 활동을 펼쳤다. 우연히 엄마의 수첩을 본 적이 있는데 거기에는 아버지와 함께 만난 사람들의 신체 조건부터 그때 나누었던 이야기와 상대방에 대한 느낌, 옷차림, 말투까지 꼼꼼히 적혀 있었다. 심지어 애견을 가족처럼 생각하는 외국 사람들의 특성을 파악하고 상대방이 기르는 강아지 이름과 생일까지 적어놓았다.

그때는 '왜 우리 엄마는 울지 않을까? 왜 우리 엄마는 외롭지 않을까? 왜 우리 엄마는 씩씩하기만 할까?' 하고 신기하게 생각했는데, 사실 왜 그렇지 않았겠는가. 하물며 선진국에 살아도 우울증이 찾아오는데 엄마는 아빠의 첫 부임지였던 나이지리아 같은 오지에서 어련했을까. 당시 엄마는 고작 지금의 내 나이대였으니 말이다. 하지만 엄마는 불편함은 신선함으로, 낯섦은 설렘으로, 위기나 실패는 기회로 삼을 줄 아는 지혜로운 '슈퍼우먼'이었다.

엄마는 현재 영어 강의를 하고 있다. 전공이 영문학은 아니지만 아버지의 첫 부임지인 아프리카에서부터 영어라는 한 우물만 파더니 그다음 부임지에서부터 영어를 가르치며 동시에 공부하는 것을 게을리하지 않았고 결국 영어 강사 자격증을 취득했다. 영어가 제2 외국어인 외국인, 국제기구 근무자, 학생 등을 가르치며 한국을 널리 알리는 외교 활동도 잊지 않는다. 지금도 엄마는 하루가 멀다 하고 학생들의 러브레터와 러브문자에 시달린다. 학생들도 엄마의 부드러운 카리스마에 팬이 되는 것 같다.

아버지가 냉철하고 객관적으로 세상의 이치와 정의가 무엇인지 가르쳐주었다면 엄마는 세상 모든 걸 부드럽게 포용하고 소통하는 방법을 일깨워주었다. 엄마의 부드러운 향기는 때로 모든 것을 딱딱하고 차갑게 대해야 하는 내 일에 쉼표가 되어준다.

엄마는 내가 혼자 한국에 와 있는 동안 한 달에 한 번은 꼭 직접 쓴 편지를 보냈다. 힘들거나 고민이 있을 때 엄마의 편지를 읽으면 해결책이 보이고 힘이 솟았다. 엄마는 편지를 통해 솔로몬처럼 현명한 판단을 내려주기도 하고 진심으로 내 마음을 쓰다듬어주었다. 비타민 같은 엄마의 편지에 힘을 얻어 주저하지 않고, 포기하지 않고 계속 도전할 수 있었다.

인생에는 도무지 말로 표현하지 못하는 일이 있는데 그중 하나가 엄마와 딸 사이라고 한다. 엄마는 딸에게 여러 존재가 되어주기 때문이다. 내게 엄마는 롤모델이자 멘토어, 카운셀러, 글쟁이 선생님 그리고 실패를 두렵지 않게 만들어준 내 영원한 안전 장치다.

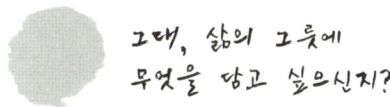
그대, 삶의 그릇에
무엇을 담고 싶으신지?

스무 번째 생일을 맞이한 딸, 그대가 어느새 이렇게 자라서 스무 번째 생일을 맞이하게 되었소. 같이 걸을 때 언제부턴가 엄마보다 걸음이 빨라져 등 뒤에서 너를 보니 보폭이 엄마 것을 능가하고, 신발 사이즈도 엄마보다 크기 시작했고…….

 아, 그래 그랬어. 언제부턴지 길을 나서는 엄마에게 조심하라 이르고 엄마의 건강에 관심을 보였지. 아, 그래 그랬어. 그때가 내 딸이 점점 철들어가는 때였어. 그러더니 스무 번째 생일이 찾아왔지.

 그대는 삶의 그릇에 무엇을 담고 싶으신지?
 병에 물을 담으면 '물병'이 되고, 꽃을 담으면 '꽃병', 꿀을 담으면 '꿀병'이 되는 것. 통에 물을 담으면 '물통'이 되고 쓰레기를 담으면 '쓰레기통'이 되는 것. 그릇에 밥을 담으면 '밥그릇'이 되고 국을 담으면 '국그릇', 김치를 담으면 '김치 그릇'이 되는 것. 병이나 통이나 그 안에 무엇을 담느냐에 따라 좀 더 좋은 쓰임으로 혹은 허드렛일에 쓰일 수 있단다.

꽃이나 물, 밥 같은 좋은 것을 담는 그릇은 자주 닦아 깨끗이 보관해 대접을 받지만, 좋지 않은 것을 담는 그릇은 한 번 쓰이고 버려지거나 꺼림을 당하고 대접받지 못하지.

이와 같이 사람의 마음도 그 안에 무엇을 담느냐에 따라 좋은 사람 대접을 받거나, 푸대접을 받아 천덕꾸러기가 될 수 있단다.

감사, 사랑, 겸손, 신뢰, 성실, 정직을 담으면 존경받고 사랑받지만 불안, 시기, 불평을 가득 담으면 욕심쟁이, 심술꾸러기가 되지.

무엇을 담을지 선택하는 사람은 오로지 자신임을 잊지 말기 바란다. '축복'의 그릇에 '건강'이란 선물을 담아 '희망'의 우표를 붙여 '사랑'의 기차에 '행복'이란 큰 웃음을 더해, 나의 스무 살 딸에게 보내노라.

딸아, 3초만 여유를 갖자

성격이 급한 딸, 매일 통화하고 그때마다 잔소리가 늘어도 전화를 끊을 때 늘 "엄마 사랑해!"라고 말해줘서 고맙구나.

그런데 어쩌지. 우리 딸에게 해줄 잔소리가 또 생겼단다. 일을 할 때도 식사를 할 때도 산책을 할 때도 엄마 아빠는 늘 우리 딸 두 마리 걱정뿐이니 어쩌겠니. 귀찮아하지 않고 마음을 열고 들어줄 거지?

약간 성격이 급한 우리 딸이 부디 '3초의 여유'를 실천했으면 좋겠어. 물론 기자라는 직업이 마감에 쫓기는 일이지만 그래도 머리는 냉철하게, 마음은 온유하고 여유롭게 가졌으면 해.

엘리베이터를 탔을 때 닫기 버튼를 누르기 전 3초만 기다려보는 건 어떨까? 누군가 급하게 오고 있을지 모르잖아. 출발신호가 떨어졌는데도 앞차가 움직이지 않거든 서둘러 경적을 울리지 말고 3초만 기다리자. 그 사람이 인생의 중요한 기로에서 갈등하고 있을지 모르잖아. 앞으로 끼어드는 차가 있어도 3초만 기다리자. 혹시 그 사람 살붙이가 몹시 아플지도 모르니까.

친구와 헤어질 때도 그 뒷모습을 3초만 보고 있자. 혹시 그가 뒤돌아봤을 때 웃어줄 수 있도록. 길을 가다 혹은 뉴스에서 불행을 겪은 사람을 보면 잠시 눈을 감고 3초만 그들을 위해 기도하자. 언젠가는 그들이 나를 위해 기꺼이 그리할 것이야. 차창으로 고개를 내밀다 한 아이와 눈이 마주쳤을 때 3초만 그 아이에게 손을 흔들어줄 수 있는 여유를 갖자. 그 아이가 크면 분명 내 아이에게도 그리할 테니까.

그리고 화가 나서 참을 수 없을 때는 3초만 고개를 들어 하늘을 보자. 네가 화나는 그 일이 보잘것없지 않은지 생각하며.

여유는 용서에서 나오는 거야. 너와 나, 우리 모두 용서받고 살아왔기에 다른 이를 용서해야 한다는 걸 잊지 말기 바란다.

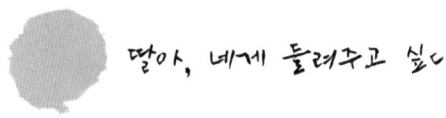
딸아, 네게 들려주고 싶다

늘 생각나는 우리 딸, 오늘도 어김없이 좋은 구절을 발견해 엄마는 행복했단다. 우리 딸에게도 일러주고 싶어 이렇게 적어놓았지.

1. 말을 많이 하면 쓸데없는 말이 섞여나온다. 귀는 닫도록 만들어지지 않았지만 입은 언제나 닫을 수 있다.

2. 돈이 생기면 우선 책을 사라. 옷은 해지고, 가구는 부서지고, 과한 음식은 살만 남기지만 책은 시간이 지나도 여전히 위대한 것을 품고 있다.

3. 행상의 물건을 살 때는 값을 깎지 마라. 그 물건을 다 팔아도 수익금이 적으니 가능하면 부르는 값을 그대로 줘라. 좀 더 생각하면 잔돈은 웃으며 손에 쥐어줘라.

4. 외모에 집착하지 마라. 사람들은 그 사람의 외모보다 가슴에 담긴 마음과 머리에 있는 실력에 더 관심을 둔다.

5. 세상에는 정답을 말하거나 답변하기 난처한 일이 많다. 그때는 허허 웃어라. 뜻밖에 문제가 풀린다.

6. 텔레비전에 많은 시간을 빼앗기지 마라. 그것은 켜기는 쉬운데 끌 때는 대단한 용기가 필요하다.

7. 여유가 있어도 낭비하지 마라. 돈을 많이 쓰는 것과 낭비하는 것은 큰 차이가 있다. 불필요한 데는 인색하고, 꼭 써야 할 곳에는 손이 큰 사람이 되어라.

8. 화내는 사람이 손해본다. 대개 급하게 열을 내고 목소리를 높이는 사람이 싸움에서 지고 좌절에 빠지기 쉽다. 상대의 화낼 때 모습에서 그의 가치를 평가해라. 그때가 인간의 가장 정직한 얼굴이다.

9. 주먹을 불끈 쥐기보다 두 손을 모으고 기도하는 자가 더 강하다. 주먹은 상대를 상처주고 자신도 아픔을 겪지만 기도는 모든 사람을 살릴 수 있다.

딸아, 힘들게 달리다 지치거든
엄마란 안식처로 와 쉬어가렴

연합뉴스 수습기자를 하고 있는 딸, 2005년 새해가 된 지 벌써 일주일이 지났구나. 우리 가족은 추운 나라에서든 더운 나라에서든 언제나 새해만은 함께 보내며 즐거운 시간을 보냈는데 올해는 이렇게 헤어져 있어 무척 아쉽구나.

많은 사람들을 초대하고 초대받으며 마음이 아팠단다. 폴리 씨 가족과 연말연시 디너를 했는데 그들 역시 너희의 안부를 묻고 같이 하지 못함을 아쉬워했단다.

거기다 네가 밤새 일한다는 소식을 듣고, 사회생활에서 오는 어려움과 한성질 하는 네가 그러한 상황을 참아내느라 힘들어할 것을 생각하니 "우리 딸, 해낼 수 있어." 하면서도 그 안쓰러움은 설명키 어렵구나.

진짜 자존심 상하는 건 자기가 하고 싶은 일을 중간에 포기하는 거야. 그렇지만 부모 앞에서는 항상 어린아이가 되어도 괜찮고, 엄마에게는 기자 일이 힘들어 그만두고 싶다고 투정부려도 괜찮아. 엄마 마음 아플까 걱정해 참지 말고.

네게 닥친 여러 가지 부담에 어쩌지 못하고 속병 앓지 말고 그 부담 엄마에게 꽉꽉 줘. 당장은 부담을 주더라도 내일은 밝을 거라 믿고! 그게 부모니까.
　어떤 투정도 어떤 속상함도 다 풀어놓고. 가령 "어떤 사람은 이렇고 누구는 나한테 괜히 화내고 취재할 때 이런 건 어렵고…… 어휴, 머리 아파."라고.
　그걸 전부 받아주는 게 부모야. 네가 힘들고 어려울 때 찾을 수 있도록 엄마가 안식처가 되어줄게. 힘들거나 화나는 일이 있거든 언제고 찾아와, 문 열어놓고 있을게.
　너에게 아무런 도움이 되지 못하고 여기 이렇게 떨어져 있을 수밖에 없어 미안하고 괴롭구나. 이제 중요한 외교 행사가 끝났으니까 너에게 엄마가 필요할 때 꼭 달려갈게. 엄마는 너희가 기쁠 때 기쁘고 너희가 슬플 때 슬프고 너희가 꿈꿀 때 꿈꾸고 너희가 방황할 때 엄마도 길을 잃는단다.
　많은 사람들이 미래에 일어날 어떤 순간을 위해 마치 리허설을 하듯 살아가고 있지만 인생은 그 무엇도 장담할 수 없단다. 바로 지금 순간만이 우리가 가질 수 있는 유일한 시간이며, 우리가 컨트롤 할 수 있는 중요하고 유일한 시간이야. 그래서 '지금'을 열심히, 진실하게, 정직하게, 공정하게 지켜야 한다. 모든 일에 겸손하지만 당당하게 임하면 분명 성공하는 인생이 되리라 확신해.

 딸아, 부드러운 카리스마 안에
당당함이란 가시를 품어라

2005년 2월 설날이다. 우리 딸은 오늘도 얼마나 힘들었을까? 엄마의 하루는 네 걱정으로 시작된단다. 네가 약한 모습도, 슬픔도 보이지 않으려고 애쓰고 강한 척해도 아직 여리고 순수하다는 걸 엄마는 알아. 그래서 더 마음이 아프고 걱정이란다.

누구든 사회생활을 해야 하지만 내 딸들만은 거친 것도 어려울 것도 없이 살기를 바라는 게 엄마의 마음이란다. 특히 수습기자 생활이 몹시 험하고 힘들기에 더욱 마음이 아프다. 네가 한 번도 들어보지 못한 인격 모욕적인 단어를 듣게 될까 그게 가장 걱정이야. 혹 그렇더라도 너무 충격받거나 상처받지 않고 담대하게 이겨낼 수 있도록 너에게 강인함을 주시라고 기도 드린단다.

우리 딸은 누구에게든 환영받고 인정받을 실력과 인격을 갖추었지만 한 가지 부탁하고 싶은 것이 있단다. 주위 선배나 동료가 거친 말과 거친 행동을 해도 넌 자세 흐트리는 일이 없으면 좋겠어.

액션은 액티브하고 맡은 일에는 최선을 다해 좋은 결과를 내지만 말이나 몸짓은 가장 여성답고 지적으로 대응하면 더 강한 카리스마를 만들 수 있단다. 진정한 카리스마는 눈과 어깨의 뻣뻣함에서 오는 것이 아니라 소리치지 않고 목에 힘주지 않고도 상대를 무너뜨리는 힘이란다. 겉은 실크처럼 부드럽지만 가슴 깊은 곳에 가시 하나, 그것도 강해야 할 때 엄청난 힘을 발휘하는 '당당함'이라는 가시를 심어라. 모든 사람이 너를 가까이하기 원하지만 선뜻 다가갈 수는 없는 그런 부드럽지만 강한 카리스마가 우리 딸의 가장 큰 장점이 되길 바란다.

 딸아, 엄마의 잔소리가
네게 비타민이 되길

2005년 6월에 우리 딸에게.
갑자기 생각난 이 잔소리가 생활의 비타민으로 쓰이길 바란다.

1. 사람들과 부대끼며 사는 게 인생이기에 갈등은 이겨내야 하고 현명하게 이겨내는 법도 알아야 한단다. 살다 보면 자신의 입장을 방어하고 정당성을 입증해야 할 때가 있지. 허나 그건 정신을 피곤하게 하고 사람들로부터 자신을 소외시킬 수 있단다. 만약 나의 잘못이라면 변명하지 말고 인정하고, 사과는 용감하고 확실히 해야 한단다. 기억하지? 변명과 연설은 짧을수록 좋고 그중 변명은 안 하는 게 낫다. 허나 결코 양보할 수 없는 어떤 철학적인 입장이 있을 때는 너의 마음을 솔직히 말하는 게 중요하단다. 단, 소신과 확신을 가지고!

2. 급히 서두르지 말고 급히 성내지 말고 항상 긍정적일 것! 느긋하고 평화로우며 긍정적인 사람은 자신의 일에 만족하고, 자기의 분야에서 프로로 인정받는단다.

3. 천천히 대답하고 상대의 말에 귀 기울이는 습관을 길러라. 사람들은 자기 이야기를 경청해주는 이와 친구가 되고 싶어 한다는 사실을 잊지 마라.

4. 사소한 것에 골치를 앓고 싶지 않다면 진짜로 싸워야 할 때를 아는 지혜가 있어야 한단다. 당당하다는 것은 자신이 있음이며 그건 곧 실력이 있다는 뜻이다. 늘 공부하고 배우는 자세 또한 소중한 재산이 된다는 것을 잊지 마라.

5. 매일 아침 감사해야 할 사람들을 생각하며 하루를 시작해라. 마음이 평화로워지고 자신이 생기며 힘이 솟아나오니까. 인생에는 'rear-view'가 없단다. '누구 때문에'는 '덕분에'로, 도라지는 산삼으로 바꿔 하루를 시작하자.

6. 빌 게이츠는 자신의 성공 비결에 대해 이렇게 말했단다. "나는 힘이 센 강자도 아니고 두뇌가 뛰어난 천재도 아닙니다. 단, 날마다 새롭게 변했을 뿐입니다. Change의 G를 C로 바꿔 보십시오. Chance가 되지 않습니까? 변화에 반드시 기회가 숨어 있습니다." 하루하루 우리에게 Chance가 있음을 잊지 말자.

엄마는 믿어. 이제 겨우 너의 생에 전주곡만 울렸을 뿐 there are greater things ahead for you.

혜원아, 축하해!

APEC 회담차 부산을 방문한 미국 대통령 조지 부시의 부인 로라 부시 여사와의 인터뷰로 연합뉴스 올해의 기자상-우수상을 받았다. 2001년 1월 부시 대통령의 1기 정부가 취임한 이래 로라 여사가 국내 언론과 단독 인터뷰를 가진 것은 처음이었다.

2005년 11월, 기자상을 받은 딸. Wien의 뜻이 바람이라더니 지금 비엔나에 부는 바람은 엄마가 영어를 가르치는 UN에서 집까지 5분이면 날려보낼 듯 몹시 세차다. 하지만 엄마는 이 바람이 없어도 마음이 너무나 들떠 하늘을 날 것 같이 기뻐.

  네가 보낸 메일을 열기 전에 아빠를 통해 소식을 들었단다. 정말 자랑스럽고 뿌듯해 먼저 감사의 기도를 드렸단다. 대사관 식구들도 기사를 통해서 너의 소식을 듣고 많이 축하해줬어.

  너는 별것 아닌 것처럼 이야기했지만 네 나이만 한 자식을 둔 대사관 식구들은 무슨 복이냐며 난리란다. 엄마가 교육을 잘한 덕에 두 딸들이 훌륭하게 자랐다고 부러워해. 사실 엄마는 자식을 위해 훌륭히 봉사하고 헌신하고 희생한 다른 엄마들 앞에 서면 부끄럽고, 무상으로 행운을 거머쥔 것 같아 미안한데 말이야.

엄마가 딸에게 보내는 편지

혜원이 기사 쓰는 데 언니 건영이가 많은 도움을 줬다고 하니 더 뿌듯하구나. 자매가 서로 잘되기 위해 진정 아끼고, 소중히 대하는 모습을 보면 엄마는 너희를 믿고 지금 당장이라도 저세상에 갈 수 있단다(미안, 간다는 게 아니라 그만큼!)

한데 엄마는 왜 눈물이 나는지 모르겠다. 너희 나이 때 엄마는 그저 철없고 이기적이고 부끄러운 모습이었거든. 그런데 우리 딸은 기자 일을 하며 부쩍 커버릴 수밖에 없었던 것 같아 가슴이 미어진다.

우리 딸이 로라 부시 여사와의 인터뷰를 성사시키기 위해 수행원들과 친해지려고 여러 노력을 했다는 이야기를 듣고 뿌듯하면서도 한편 안쓰러웠지. 너도 처음 가보는 부산이라 사람도 지리도 생소했을 텐데 그곳을 관광까지 시켜주려고 했다니 정말 대단하다.

가장 인간적인 행동이 가장 우아하고 가장 현명한 거야. 아마 그들도 네가 진실로 다가갔기에 마음을 열었을 거야. 그리고 You have the most beautiful smile in the world! 엄마를 닮아서 말이야.

다만 한 가지 걱정이 있어. 동기들 중에 제일 먼저 큰 상을 받았다고, 입사한 지 1년도 되지 않아 큰 상을 받았다고 자만하지 않길 바란다. '이제 시작'이라는 겸손한 마음을 가져. 물론 그럴 테지만. 네게 강인함과 끈질긴 기자 정신을 가르쳐준 선배들에게 감사하고, 응원하고 보듬어준 동기들에게 고마워해라.

엄마의 바람은 네가 10년, 20년 후에 한국은 물론 세계 어디서든 글로 사람들과 소통하는 실력과 겸손함을 가진 기자가 되는 것이란다. 누군가에게 닮고 싶은 기자가 있느냐고 물으면 "한국의 문혜원 기자!"라는 답이 나오길, 분명 그리되리라 확신한단다. 엄마의 자신감은 우리 딸이야, 든든해. 다시 한번 축하하며, Congratulations!

딸아, 너만의 무기를 챙겨

딸아, 2006년 새해다. 우리 딸이 기자로 벌써 1년을 지내고 새해를 맞이하다니, 감격스러워. 아프지 않고 다치지 않고 지치지 않고 그 길을 잘 걸어줘서 무척 고맙다. 2006년은 기자로서 진정한 프로가 될 수 있는 해라고 믿어. 실력을 키우는 한 해가 되기를 소망해.

어떤 상황에서든 겸손한 미소를 잃지 말고 취재해. 사람을 대할 때 목소리가 크고 찡그린 얼굴은 이미 패배자임을 시인하는 것이니 잔잔한 당당함, 겸손한 자신감, 튀지 않는 우아함으로 다가가.

이제 기자 생활을 시작한 지 1년이 지났으니 "조금 잘하는데요." 혹은 "조금 할 줄 알아요."라는 말은 미덕이나 겸손이 아니라는 걸 알고 있지? 이제부터 철저히 준비된 프로가 되어야 한다는 뜻이야.

비즈니스라는 전쟁터에 어떤 무기를 챙겨 뛰어나갈지 생각하고 그 실력을 키우는 한 해가 되길 바라. 자신만의 경쟁 무기가 있는 한 어떤 전쟁에도 겁내지 않고 당당할 수 있으니까. 또 그 누구도 흔들지 못하는 큰 나무로 커나갈 수 있으니까. 간혹 약해지거나 속상하고 자존심 엉망일 때 이 글을 읽고 또 읽기를 소망하며.

딸아, 고맙다

딸아, 2006년 6월이다. 설익은 여름에 힘찬 나무들의 숨소리가 들리는 듯하다. 나무가 안고 있는 희망과 진한 초록빛 녹음의 자신감이 느껴지는구나.

비록 두 딸은 한국에, 엄마와 아빠는 비엔나에 있지만 이 여름의 첫 문에서 희망, 건강, 자신감으로 가족이 서로 한껏 껴안아볼 수 있으면 좋겠다. 그리고 우리를 사랑하시는 주님의 축복이 가득하기를 믿어보자꾸나.

엄마는 지난 5월 서른한 날 동안 칭찬받기에 충분하고도 넘치는 수고를 해준 우리 가족에게 고맙다고 말하고 싶다. 희망이자 자랑인 아빠와 비타민인 건영이와 혜원이에게 아내와 엄마라는 이름일 수 있어 참 아름다운 날들이었다.

고맙다, 우리 딸.

 딸아, 너는 얼마나 아름다운
향기를 지니고 있니?

딸아, 2006년 9월이다. 문득 하늘을 보니 '아, 맑다. 이제 가을이구나.' 하는 생각이 들며 딸 생각이 나서 이렇게 몇 자 적어본다.

집 앞 공원에 곱게 물든 단풍을 바라보는 일이 요 며칠 엄마 아빠의 즐거움이야. 우리 딸과 함께 비엔나커피를 마시며 같은 곳을 바라보면 얼마나 좋을까 매번 생각한단다.

가을은 누구나 자기 그림자를 내려다보고 자신의 무게를 헤아리는 계절이란다. 오던 길을 되돌아보고, 착해지고 싶고, 더도 덜도 말고 '꼭 오늘만큼만' 행복을 누리고 싶어지는 계절이야.

얼마 전에 엄마는 사람에게도 향기가 있다는 사실을 깨닫게 되었어. 참 재미있지? 우리 딸이 엄마보다 훨씬 큰 신발을 신게 된 이때가 되어서야 이만큼 나이 들어서야 꽃에만 향기가 있는 게 아니라 사람에게도 고유한 향기가 있다는 사실을 깨닫다니!

'우리는 어떤 향기를 간직하고, 사랑하는 사람에게 어떤 향기를 전해야 할까?'

이 문제가 이 가을, 향기로운 엄마가 딸에게 내주는 숙제란다.

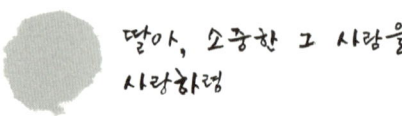
딸아, 소중한 그 사랑을
사랑하렴

딸아, 2007년 3월이다. 곧 봄이 오겠구나. 책을 읽다가 갑자기 딸에게 꼭 해주고 싶은 말이 있어 몇 자 적어본다.

 길을 걸을 때, 밥을 먹을 때, 그 어떤 일을 할 때도 떨어지고 싶지 않은 사람이 있다. 잠에 들 때도 가끔 그를 떠올린다. 때로는 그가 한심하고 무능해보여 실망하지만 그것이 그의 참모습이 아님을 알고 있다. 그가 약한 모습을 보일 때면 힘을 내라고 격려하고 아직 절망하기에는 이르다고 희망찬 내일을 이야기한다. 누구보다 그에게 신뢰받고 싶고 그로부터 깊은 사랑을 받고 싶다. 그 사람은 바로 내 자신이다.

 자신을 진정으로 사랑할 줄 아는 사람만이 남을 위해 마른 바다에 우물이 되어줄 수 있단다. 우리 딸은 자기 자신을 사랑하기에 충분한 자격이 있음을 잊지 말기!

우리 딸은 잘할 거야

2009년 7월, 네가 뉴욕으로 떠날 날이 얼마 남지 않았구나. 네가 이름을 남기는 곳으로 가기에 보람과 기쁨을 느끼는 한편 안쓰럽고 아프다.

　넓은 세상, 더 큰 자리는 그만큼 경쟁이 심하고 더 많은 노력과 인내가 필요한 걸 알기에 너를 보내는 일이 마음이 아리다. 그렇지만 단 하나의 믿음이 있기에 기꺼이 기쁨으로 축하하며 너를 보낼 수 있어. 우리 딸은 늘 주님의 보호 아래 있다는 믿음이야.

　그래, 엄마는 인간의 생각으로 불안하고 초조한 것들을 기도로 담대히 주께 너를 맡기기로 했단다. 늘 당당하고 겸손하고 자신감을 가지렴. 단, 당당함과 오만을 구분하고, 겸손이 비굴과 다름을 알고, 과한 자신감을 앞세워 타인으로 하여금 무시당하는 기분을 갖게 하지 말고, 실력도 있고 인기도 있고 누구든 네 앞에 서면 미소가 절로 나오는 그런 사람이 되길 기도할 거야.

　누군가 무장하고 대적하려다가도 너의 부드러움에 깃든 강인함과, 실크같이 잔잔한 우아함에 숨은 가시를 보고 고개를 숙이게 만드는 그런 카리스마 있는 사람이 되길 바란다. 늘 고맙고 미안하다, 딸.

딸아, 매일매일이 행복이란다

딸아, 2009년 12월이다. 곧 뉴욕에서의 한 해를 마무리할 때구나. 우리 딸이 연초에 세웠던 계획은 실천했을까? 사랑과 기도의 삶은 뿌리를 내렸을까? 감사를 잊지 않고 살고 있을까? 겸손한 마음으로 살고 있을까? 너의 대답이 눈에 선하구나.

"엄마, 그런 건 묻지도 생각하지도 마. 모든 게 작심삼일이었어!"

그래도 괜찮단다. 다만 이제 12개의 열매를 거두고 나무를 손질하는 시간을 가졌으면 한다. 가지를 치고 거름을 주고 나무 주위에 잔디도 깔고 물길도 만들고 그늘이 드리우는 곳에 쉴 만한 의자도 놓고.

그러고 보면 우리는 처음부터 너무 많은 기어가 있는 자전거를 운전하려고 하지 않았나 싶다. 잘 다루면 편리한 자전거이겠지만 기계치인 엄마나 우리 딸은 손대기 전부터 두려움이 생겼을 거야.

매년 새해를 맞이할 때마다 여러 삶의 기어를 가진 자전거를 운전하려다 실패하고 뒤늦게 왜 그리 많이 달고 버거워했는지 후회하지 않니? 살아가는 데 한 가지 기어만 필요한 건 아니지만 그렇다고 최신식 자전거의 21단 기어는 단지 짐인데 말이야. 모두 각자 자기에 맞는 기어가 달린 자전거를 타고 인생길 달린다면 복잡함에서 조금은 벗어날 수 있을 텐데.

 엄마는 한동안 감기로 고생했단다. 몸은 아팠지만 일상에 잠시 쉼표를 찍으라는 신호로 여기고 불치병만 아니라면 기쁘게 아프기로 했다. 뒤뜰에 푸슬푸슬 싸락눈 내리는 소리에 귀 기울이며 푹 쉬고 나니 그 쉼표는 큰 소득이 되었단다.

 새해에는 그저 어제 지나고 오늘이 왔고 내일이 오듯 거창한 목표보다는 하루하루를 즐겁게 맞으며 다시 사랑하는 법을 배우고 착해지는 법을 배우자고 다짐했단다. 함박꽃 같은 미소를 잃지 않던 그 시절로 돌아가자고 말이야. 그렇게 감사하는 마음이야말로 가장 고귀한 삶의 모습이 아니겠니.

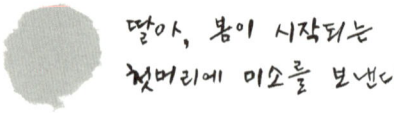
딸아, 봄이 시작되는
첫머리에 미소를 보낸다

2010년 3월 뉴욕에서의 첫봄을 맞이하는 딸아. '발이 없는 사람을 보기 전에는 내게 신발이 없음을 슬퍼했습니다'라는 페르시아 속담이 생각나는구나. 신기하게도, 매년 2월을 보내고 3월을 맞이할 때면 다른 건 기억하지 못하면서 이 속담은 마치 자동 장치가 열리듯 한 번도 놓치지 않고 떠올린다.

  3월의 달력을 펼치니 산뜻하고 싱그러운 그림이 반기는데 인간의 대지는 마냥 냉한 고기압권이네. 뉴욕은 어떠니? 갓 피어나는 센트럴 파크의 푸름이 우리 딸과 닮아 있을 것 같아 더욱 보고 싶고 아쉽구나.

  오늘 아침에 이런 생각을 했어. 많은 사람에게 환영받는 3월을 위해 2월은 그리도 급히 2~3일 먼저 자리를 내주는 기쁨을 안고 사는 게 아닐까. 2월은 자신의 자리를 내주는 행위로, 한 번 밀어내고 두 번 끌어안는 속 깊은 사랑을 우리에게 가르쳐주는 게 아닐까. 그러다 문득 그간의 이기심과 교만과 자만이 부끄러워졌단다. 그렇게 2월은 스승이 되어 깨달음을 주고 돌아갔어.

'있을 때 잘할걸' 하는 아쉬움과 '한 손으로 받고 또 한 손으로 줄 수 있도록 하느님은 우리에게 두 손을 주셨다'는 빌리 그레이엄의 말에 아멘으로 답하며, 2월의 가르침을 가슴에 새기고 감사하는 마음으로 3월을 환영하자꾸나.

두 번 끌어안기 위해 한 번 밀어내는 아픔을 감수하는 나무의 속 깊음을 느낄 수 있는 3월에는 그동안의 섣부른 충고, 경솔한 판단, 자기 자랑, 팝콘처럼 부풀린 가벼운 말을 반성하자.

3월에는 섣부름 앞에 침묵으로 노래하고 기도하고 사랑하자. 부끄럼을 없애는 약은 겸손이고, 미움을 없애는 약은 사랑이고, 멀어짐을 없애는 약은 미소이며, 독을 없애는 약은 용서라고 한다. 3월과 가장 잘 어울리는 건 바로 미소가 아닐까? 3월 첫째 날, 마미의 가장 환한 미소를 뉴욕으로 보낸다.

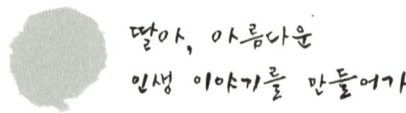
딸아, 아름다운
인생 이야기를 만들어가

2010년 9월, 사회생활을 한 지 7년이 되어가는 딸아. 이제 웬만큼 연차가 쌓인 직장과 사회생활에 혹여 소중한 것을 잊고 이익만 우선할까 노파심에 편지를 적는다.

꿈으로 시작해 꿈만 이루기 위해 높은 곳을 향해 달리다 작은 행복을 잃으면 그건 슬픔이겠지. 엄마는 우리 딸이 늘 길섶 들꽃 한 송이에도 눈을 마주칠 줄 아는 녹슬지 않은 감수성을 간직하고 하얀 눈에, 예쁜 장소에, 지는 석양에 감동하는 여인이 되길 바란다.

가끔은 깨알 같은 문자 받침 찾아가며 부모, 형제, 친구에게 문자로 사랑을 고백하며 행복할 줄 알고, 아직 서툴겠지만 인생의 맛과 삶의 아름다움을 스스로 가꿀 줄 아는 사람이 되길 바란다.

기쁨은 마냥 즐겁지만 슬픔은 성숙도 가져온다는 걸 알아 슬픔도 사랑할 줄 아는 그런 여인이 되길 바란다. 다른 이들이 너의 지식에 기죽기보다는 밝은 미소와 해맑음, 겸손한 태도에 존경의 마음으로 기죽길 바란다. 진정 이런 삶을 살아 내 딸의 인생은 늘 스토리 있는 우물이기를 바란다.